民事法の諸論点

田中ひとみ 著

信　山　社

はしがき

振り返ってみれば、修士の頃、法の解釈とは何であるか、そしてその頃、注目され始めた国際民事訴訟法の主として国際裁判管轄が、法学への出発点であった。しかしこのテーマは、難解であり、事実、本書がその役割を果たすべくも無いことは、明らかであろう。ただ今般、論文を一書に纏めるに当っては初心に戻って今日の自分自身の「いしずえ」としたい、との一念でもあった。

法の解釈については、林脇(高鳥)トシ子教授および池内慶四郎教授に御指導を得た。今では、懐かしい思い出深い時間であった。森征一教授にも貴重な御助言を頂いた。三先生方には深く感謝したい。

判決効については、訴訟物論争が決着の未だついていない感が内心あり、関心を持ち続けている。その過程で、判断効なる私見を提示することとなったが、問題は前進していないことには、変わりないものと感じている。

「物上代位と差押」については、その後議論のきっかけとなったようである。今後も関心を持ち続けたい。

「西ヨーロッパにおける法律エキスパートシステムの動向」は、一九八五年に「理論・情報学・法」というテーマでフィレンツェにて行われた国際会議のプロシーディングの中のミッチェル・ヒーザーの論稿を紹介した。

労働審判については、授業を行う際にあたり、労働法と民事訴訟法の境際領域として、紹介したものである。今後のＡＤＲの行方を見守りたい、と考えている。

至らぬ点御海容を請う次第である。

今日では法社会も日進月歩であり、様々な見解が次第に出現し、長命であることは難しい。「何が普遍的な法制度か」、「正義とは何か」は、人間社会の永遠のテーマでもあろう。しかし、時々に於いての解答が次の解決への一歩となることもありえよう。この意味で本書の様々な論点は今後の研究課題に至る関心事でもある。

私事で恐縮ではあるが、将来への中間報告として、本書を尊敬してやまない亡き父に捧げたい。

二〇一〇年一月　　目黒・大岡山の寓居にて

田中ひとみ

初出一覧

1　判決理由と判断効――独立当事者参加の一部の者の上訴を例として――
……………………………城西現代政策研究三巻（平成二一年三月）

2　判決の効力の客観的範囲
……伊東乾教授古稀記念論文集『民事訴訟の理論と実践』（平成一二年六月、慶應通信）

3　判決効再論　……………………成城大学共通教育論集一号（平成二〇年三月）

4　物上代位権行使と差押　………慶應義塾大学大学院法学研究科論文集二四号（昭和六一年三月）

5　西ヨーロッパにおける法律エキスパートシステムの動向
……………………『法律エキスパートシステムの基礎』（昭和六一年一〇月）

6　国際裁判管轄――フランス新民事訴訟法九二条を中心に――
……………………………山梨県立女子短期大学紀要二四号（平成三年三月）

7　労働審判法について　……………城西現代政策研究二巻（平成二〇年三月）

8　ヘック・概念法学と利益法学〔翻訳〕
……………………法学研究五九巻七号（昭和六一年七月、慶應義塾大学法学研究会）

初出一覧

9　判例研究

Ⅰ　最高裁民訴事例研究　二二九（最判昭和二六年二月二〇日民集五巻三号七八頁）
……法学研究五八巻三号（昭和六〇年三月、慶應義塾大学法学研究会）

Ⅱ　最高裁民訴事例研究　二三三（最判昭和二六年四月一三日民集五巻五号六六頁）
……法学研究五八巻七号（昭和六〇年七月、慶應義塾大学法学研究会）

Ⅲ　最高裁民訴事例研究　二四七（最判昭和二七年一一月二〇日民集六巻一〇号一〇一五頁）
……法学研究五九巻一〇号（昭和六一年一〇月、慶應義塾大学法学研究会）

Ⅳ　最高裁民訴事例研究　二五〇（最判昭和二七年一二月二五日民集六巻一二号一二三一頁）
……法学研究六〇巻四号（昭和六二年七月、慶應義塾大学法学研究会）

Ⅴ　最高裁民訴事例研究　二五五（最判昭和二八年三月一七日民集七巻三号二四八頁）
……法学研究六〇巻九号（昭和六二年九月、慶應義塾大学法学研究会）

Ⅵ　最高裁民訴事例研究　二三七（最判昭和五九年九月二〇日民集三八巻九号一〇七三頁）
……法学研究五八巻一一号（昭和六〇年七月、慶應義塾大学法学研究会）

Ⅶ　最高裁民訴事例研究　二五三（最判昭和六一年三月一三日民集四〇巻二号三八九頁）
……法学研究六〇巻七号（昭和六二年七月、慶應義塾大学法学研究会）

目　次

目次

目　次

9　判例研究 —— 229

1

判決理由と判断効

――独立当事者参加の一部の者の上訴を例として――

1　判決理由と判断効

一　序　章

争点効論は、日本では今日広く定着した理論であるが、本来アメリカ合衆国の制度であり、判決理由中の判断に判決としての効力を肯定する理論である。

私見は審理で判断されたこと（事実認定）により、判決理由中の判断に判決効を認め、同一紛争を抜本的・統一的に解決する判断効と称する判決効を提唱する見解であり、この立場は、判決主文に既判力を認めると共に、判決理由の効力である争点効をさらに推し進め、日本での受容・変容を提示する理論である。具体例として、前訴の事実認定に拘束力を認め、後訴での法的再試を可能とし、また、独立当事者参加の一部の者の上訴につき審級ごとの拘束力を判決理由の事実認定された事実に認める。このように、判決効では、後訴への遮断効の範囲及び第三者への拡張の範囲が問題とされる。本稿では、判決理由中の判断に判決効を認めるべきことを検討する。

二　判決理由中の判断

(1)　判決理由と遮断効

争点効は、英米法のコラテラル・エストッペルに基づく[1]。当事者が真剣に争い、裁判所が、実質的に審理し、判断した場合に、その争点の判断に拘束力を持たせ、紛争の蒸し返しを防止するとともに、一回的な紛争解決を目指す理論である。日本では、信義則に基づく理論と解され、学説上定着している[2]。

アメリカ法の理解では、既判力とは、遮断効を意味し、第一に「請求遮断効」、第二に「争点遮断効」に分類される。第一の請求遮断効では、同一の請求に基づく後訴を遮断し、第二の争点遮断効は、前訴ですでに審理され、認められなかった争点の再審理を遮断する。これは訴訟経済、法的安定、判断相互の無矛盾といった法政策による[3]。この法政策自体は日本で受け入れられ得る理念である。判決理由中の判断に判断効を認める場合もかような理念が成立し、妥当する。

従来、既判力の意義としては、請求の同一性、矛盾関係、先決関係において、後訴を遮断する場合が訴訟要件の問題として、措定されてきた。しかし、今日では、遮断効として、後訴での主張の失権効に於ける意義が注目されている(4)。後訴で、前訴審理の内容と矛盾・抵触するか否かは、実体関係の存否についての判断であり、これは、判決理由中の判断に示される(5)。従って私見に依れば、ストレートに判決理由中の判断に判決の拘束力を認めるべきであると考える。判決理由中の判断には、現行法上、相殺（一一四条II項）、及び参加的効力（四六条）の場合、判決効が及ぶことが制度上採用されており、民事訴訟法上内包されている。そしてまた、相殺は例示と見るべきである。

主文に既判力を認めた時期には、訴訟類型上給付の訴えしか存在していなかった、と推測されるが、ここでは、給付判決が債務名義とされ、登記請求権といった単位が訴訟物とされた。この請求権という民事訴訟法独自の概念を介して、実体関係と審理の対象は切り離され、新説が民事訴訟の制度構築上採用された。主文（例えば、当該土地を明け渡せという明渡請求権）はこのようにして、法的観点を示さず新説の構成に依る。

このように、主文を訴訟物とし、遮断効を認めるか（新説）、判決理由中の判断を訴訟物とし（旧説）、遮断効を認めるかは、訴訟法上の政策の問題である。主文はこのような役割を有する。即ち、給付の訴えにおいては、債務名義となり、かつ民事訴訟法上の統合された請求権に広い遮断効を認める。即ち、主文は、債務名義とし、形式的に判決理由と分かれる点に意義があり、そうであるならば判決理由中の判断に判決効を肯定しても良いものと考えられる。

また形式上実体的関係（執行債権の存否）についての判断は、判決理由中の判断に示され、これが訴訟物についての判断として既判力を有するとする見解が存在する(6)。そうであるとするならば、遮断効として後訴において、請求を遮断するか、主張を遮断するか、が問題とされる。また、訴訟物をどう構成するかも問題とされよう（後述）。前訴・後訴の関係についての判断は両請求に牽連性があること、という見解が存在するが(7)、同一紛争であるから、請求の基礎の同一性がある場合と考えてよい。

(2)　判決理由の意義

今日一般的に争点効により、判決理由中の判断に拘束力を認めることは、学説上、受容されてきた(8)。問題は、どのような理由づけで判決理由中の判断に拘束力を認めるか、である。ドイツでは、一定の場合に判決理由中の判断に判決効を認める見解がある(9)。私見では、判決理由中の判断は裁判所により、事実認定され、実質的に当事者が、攻防を行った点に判断効の根拠を認める。

即ち、判決効は裁判官による法的判断による主張レベルでの事実認定に対する拘束力としての「判断」効である、と解する。

他方、学説では、旧法一九九条の下でも何らかの要件のもとで判決理由中の判断にも拘束力を認めるべきである、とされ要件化が進められて来た。争点効理論では、①前訴請求の当否の判断過程で主要な争点となった事項に対する判断であり、②当事者が前訴において、その争点につき、主張・立証を尽くし、また③裁判所がそれに対し実質的な判断をしており、かつ、④前訴・後訴の係争利益がほぼ同等である場合に、当事者間の公平（信義則）に基づく一種の制度的効力として、争点効と呼ぶべき拘束力が生ずると解され、実際に争ったという事実から、当事者はその結果を甘受すべきとの責任を負う、とされた。

私見は、①については事実認定の為された事実について、判決効を認め、②・③について、同様に解し、また、④については一連の紛争内の利害についての拘束力を利害関係ある第三者にも認め、また、未確定判決についても同一審級内での効力（拘束力）を認める。そもそも一連の紛争では矛盾した判断は許されず、また前訴は、利害関係ある第三者についても判決の効力を事実認定した以上、判決の効力を拡張すべきであり、その要件としては、①裁判所が判決理由中に事実認定を行い、②一連の同一紛争である場合には、信義則上後訴への遮断効を認めるべきであると考える。

判決理由中の判断に判断効を認めるべきである、とする私見（肯定説）の根拠は、後訴への失権効及び第三者への判決の拡張との二つの要請に基づく。これに対し、通説である否定説の立論の第一は、当事者が請求の原因また抗弁として主張した事実および法律効果については、判決効を生じない、とする。しかし、事実認定に基づく判断がなされたことに依る私見の判断効からは、ここに於いてこそ、判決効及び失権効を認めるべき理由があると考える。また民事訴訟法上内在する相殺については、例示であり、他にも例外を認める実体法上の要請（保証等）までも否定しきるものではないと思われる。

第二に否定説では、当事者の選択したテーゼ（請求権の存否）は、主文にこそある、とする見解もある。しかし、本来的に実体上の紛争の決着がつくのは、判決理由中の判断であり、この実体上の確定（事実認定）にこそ、判決の意義がある。

第三に当事者の関心事は主文に現されているとする見解がある。しかし、一連の紛争に決着をつけ、当事者の期待及び裁判への信頼を担い裁判所が判断するのは、判決理由中の判断においてである。主文は債務名義として特化された形式を有するにすぎない。

権利失効の原則は、二つの意義を有する。即ち、二重起訴禁止のような再訴の禁止と、第二に、権利の主張・立証レベルにおける失権的効力である。しかし、両者を既判力として括ることは不合理であると思われる。二重起訴禁止は訴訟要件をみたさず、訴え却下の効果が結びつく、訴訟経済からの要請として、再訴を禁止するものである。しかし、権利主張の失権に関しては、判決理由中の判断に関する訴訟の内容に関わる事項を扱うものである。判決効としては、この二つを分けて区別し、後者の判決効に関しては、後訴に対する失権効として、判決理由中の判断に拘束力を認めることが妥当である。また、再訴遮断（蒸し返し禁止）という点では、二つの作用は同様であるが、二重起訴禁止及び、先決問題、矛盾問題、同一問題とされる作用と、後訴の主張を失権させる作用とは、異なる効力として、前者を「却下要件」の判決効（既判力）、後者を実質的な審理による失権効のための「判断効」として、区別すべきことと考える。従って、本稿では、既判力の用語を避け、遮断効を中心として、判決の効力を扱う。

私見の判決効は、同一審級内においても働き、上訴中の場合に拘束力が働くと考える。独立当事者参加の一部の者の上訴の場合、不服の争点に拘束力が肯定されるものと考える（後述）。既判力、争点効そして具体例として、境界確定訴訟(10)や、独立当事者参加の一部の者の上訴等について共通する点は、裁判所の判断、即ち事実認定に於いて、拘束力（判断効）を認めるべきである、という考え方である。このように、判決理由中の判断に判決効を認めることを推し進めるならば、判決理由中の第三者に対しても判決効がおよぶ、と、考える。この第三者は、前訴に不服であれば、後訴を提起するであろう潜在的当事者である。例としては、保証人、解除後の第三者等が挙げうる。ここで、第三者の手続保障は、まず、当事者と第三者が実体的法律関係を成し、第三者が後訴を提起しうる手続上の担保があること、そして、第二に裁判所が実質的に法に依拠して判決理由中の判断を行ったことの二点に依って第三者への判断効を正当化しうるものと考える。[11]これは、統一的解決と裁判所への信頼保護、さらに法的安定（実体関係の確定）、訴訟経済に資するものと考えられる。

私見の判断効は、主張レベルでの拘束力を認める。このメリットは、評価規範[12]として、法的再施を行うこと、第二に後日、手続事実群[13]において結論の総合的判断を行うこと、また、第三に、具体的な攻撃防御方法が失権するか否かにつき提出責任[14]が存在したかを判断する際、有効かつ妥当である。

失権効が妥当するのは、このように主張レベルで攻撃防御が尽くされて、実質的な判断が為された点にあり、この判断に判断効としての判決効を認めることは合理的である。このような拘束力は、紛争解決に決着をつけたこととして、当事者が訴訟に納得し、満足したと言い得るか、という、利用者の観点から、後訴を遮断する基準となろう。

行為効[15]か、反射効[16]か、争点効[17]か、構成要件的効力[18]か、のいずれかを問わず、やはり、判決理由中の判断に拘束力を認めるべきである、と考えている。この事実レベルでの拘束力は、行為規範として後訴の審理において、原告、被告の訴訟行為に関して遮断効が及ぶ。

(3)　訴訟物論と判決理由

判決の効力は、当該訴訟で事実を確定し、紛争の法的解決を図る、との作用と後訴を遮断し、失権させるという作用を有する。しかし、このためには、主文は抽象的に過ぎ、請求権という単位は適切な基準とは言えない。先の二作用を一つの基準にするには、判決理由による確定と失権こそが重要である。旧説に依れば主文に掲げる請求権という概念は、失権効が広く、法的性質づけは為しえず、後訴への遮断効として妥当ではない。私見に依れば実際に審理の対象となった判決理由の個々の主要事実のレベルこそが訴訟物として紛争解決と後訴への失権にふさわしく、妥当である。

請求権という訴訟法上の概念を訴訟物として再構成すること（新説）は、概念の広汎さにズレが生じるのであり、既判力の単複異同の判断基準として不適切であり、実体法レベルの主要事実の確定により、判決効の範囲と訴訟物の大きさを一致させるべきである。この差違の微調整として判例では信義則が適用されたが、本来、信義則は、判決効の根拠として、当事者の公平・公正を図るべきである。また、蒸し返しと失権効は表裏一体であり、この要請のためには、実体上の事実レベルを活用することが、より良い制度構築が為されるものと思われる(19)。

判決主文は、請求権の法的性質（例えば、不当利得なのか、不法行為なのか）を問わず、権利ないし請求権を統合した概念であり、審理対象を訴訟物として、個々の法的性質を問う旧説より広い。従って、新説は統合された請求権レベルでの失権を、そして旧説では、判決理由中に書かれた事実レベルでの失権を及ぼす対立である。

訴訟物を主文として統合的な請求権とするか（新説）、審判対象として、判決理由中の判断とするか（旧説）、は立法政策の問題である。即ち、訴訟法独自の請求権概念で、これを既判力の範囲とし、合理的とするか、実体法上の事実を重視して、判決理由中の判断を既判力の範囲とするかの問題である。私見は、訴訟法の観点から、判決効と二重起訴に関しては新説を採り、訴えの併合・変更については、実務の利便さから旧説を採用する。

主文は、統合した請求権概念により、一回限りの執行力として、債務名義を成すものである。この範囲に失権効をも認めるべきかどうかが、訴訟物論の主要な争点になる。新説は失権効を広く認め、訴えの変更、請求の併合、二重起訴の範囲の基準と成すことを整合的とする。他方、実務は、主文に債務名義の意義のみを認め、失権効では、旧説による立場である。私見では、当該事件の特定の権利関係または具体的法律状態の存否の事実レベルに判断効を認め、これを訴訟物と解する。そして、これら主要事実について遮断効が働くものと解する。

三　判断効の適用事例

(1) 判断効と信義則

争点効は、確定判決の判断のもつ拘束力を拡張することにより、訴訟物（新説に依る法的観点を示さない統一的な請求権と旧説による法的観点を示す請求権を区別できるが、ここでは後者）をことにする一連の紛争を一回的に解決するという目的を有している。私見は上訴中の未確定判決にも拘束力を認め、判決の事実レベルにおいて、主観的・客観的効力の拡張を認めるものである。後訴に矛盾する判断を禁止することにより、関連する紛争に対しても実質的に争い、審理して下した判断に生じる通用力（判断力）であるとする。

判断効は、争点効と同様、信義則を基本とし[20]、裁判所の判断に拘束力を認める。当事者間で信義則に基づき攻撃防御方法を尽くし、訴訟を共に形成し、決着をつける判断が判決理由中の判断に示される。裁判所の判決理由中の判断にこそ、当事者間の信義則が働く。裁判により判断されたかは判決理由を斟酌して判定される。訴訟のプロセスにこそ信義則が貫徹される。当事者が誠実に攻防を行って、公正な裁判がなされ手続保障に則り、判決が構成され、このことが判決理由中の判断に示される。従って、判決理由中の判断に拘束力を認めることは、妥当である。なお、信義則の具体的適用の効果として、後訴の主張禁止を説く見解もある[21]。

(2)　独立当事者参加の一部の者の上訴

私見は、実質的な審理を行い、裁判所が事実認定したことに基づいて、利害ある者にも判決の拘束力を認める[22]。これは、裁判所の判断に基づく判決効の一つである判断効であると考える。この場合、裁判が確定しているかを問わない。即ち、上訴中、上訴審でも拘束力が働く。独立当事者参加の一部の者の上訴についても、主要事実の認定に利害を有する限り、移審の効力が、他の利害ある当事者に対して及ぶものと考える。従って、原審で全部勝訴した当事者もその事実認定に、他の当事者が不服を有する限り、上訴したものとみなされ、上訴審の当事者とされなければならないものと考える。例えば、敗訴した二者のうち一者のみが上訴した場合、私見では、敗訴・勝訴を問わず、事実認定された争点ごとに原審の判断の拘束力（判断効）を認める。従って、敗訴判決部分も勝訴判決部分も上訴審の審判対象となる。即ち、主要事実ごとに上訴が為され、移審する、と考える。(23) 私見では、判決確定によらず、事実認定が認められ、不服として、上訴をする利益も肯定される。個々の法的事実に事実認定がなされるが、この判断に拘束力を肯定する。

このようにして、上訴審では矛盾のない一個の終局判決が書かれるべきである。敗訴者は、判決の確定を遮断されるのであるから、上訴審に移審することを前提に自ら争いのある範囲で、前主張が移審して、自ら不利な結論を得ないよう、事実認定上、上訴審で参加しなければならない。即ち、独立当事者参加では、自ら上訴しなくても上訴を余儀なくされるものと考える。また、全員の合意でなければ、訴えの取り下げができないものと解される。判決前にも全三者の合意があるべきものと考えられよう。私見では、三者全員が、上訴しなければ独立当事者参加では、相対的解決では成りたたず、上訴は無意味となるものと考える。例えば、二者の紛争で所有権者が確定された場合に、第三の当事者が登記保持者であるような事例では、三者が上訴しなければ、紛争は解決しない。判例は合一確定に必要な限度で自ら上訴しない者の判決部分をも変更できる、とするが[24]、手続保障の点から、疑問がある。

類似必要的共同訴訟においても一部の者の上訴が、他の当事者に及ぶものと解される。類似必要的共同訴訟では、共同訴訟人の一部の者が上訴すれば、それにより、原判決の確定は妨げられ、当該訴訟は、一体として上訴審へ移審し、上訴審の判決効は上訴しなかった共同訴訟人にも及ぶ。共同訴訟人の一人の受けた判決効が、他の共同訴訟人にも及ぶからである。全部勝訴した者はしいて上級審で争う必要はないはずであるが、判決理由中の認定に関し、他の当事者が争う場合には、利害関係があり、更に主張・立証を尽くすことが要求される。これは、当事者の公平、合一確定及び矛盾する判決効の防止の要請によるものである。

このように上訴は、事実認定における争点ごとに上訴提起と同時に移審の効力を認め、上訴審での終局的解決へ持ち込むべきである。独立当事者参加の上訴では、一律的解決や矛盾防止の要請が強く働く場面であり、判断効の拘束力を認めつつ、移審し、上訴審では、利害を有する当事者が、主張・立証すべきである。原審における事実認定について、拘束力を認め、利害を有する当事者が、上訴審でも攻防を行うべきである。即ち、争点ごとに判断の当否について、独立して、不服とされて、移審がなされるべきである。

独立当事者参加では、一方には、勝訴したが、他方には、敗訴した、ということもありうる

（例えば、詐欺による取消が一方当事者には対抗できない場合等）。私見の判断効では、事実認定に関して判決の効力を認めるので、即ち、審級ごとに事実認定による事実（全ての争点）に拘束力（判断効）を認め、これに上訴の不服を認める。主要事実（争点）ごとに上訴の審判対象となるもの と解される。従って、自ら上訴しない者も、不利益を受けないよう、利害有る争点が存在するならば、独立当事者参加の特殊性から、上訴に臨むべきである。即ち、私見では、不服ある争点ごとに判断効という拘束力を審級ごとに認め、この拘束力に独立当事者参加の三者が服するものと考える。

四　結　　語

ある紛争で、利害関係ある第三者が訴訟に参加せず、前訴で第三者の利害をも含めた実体的な判断が為された場合、後訴が提起できるか、については、判決理由中の判断を参照することが妥当かつ不可欠であるとされる。判決理由中の判断の拘束力については、アメリカ合衆国において、争点効として、制度上認められている。

私見では、判決理由中の判断は、裁判所が適正な手続で判断したことによる効力（判断効）として肯定すべきであると考える。裁判官の事実認定に一定の効力を及ぼすことは、妥当な解決を様々にもたらす。例えば、訴訟に利害ある第三者が登場する場合に合理性がある。第三者が登場する場面は民法では少ないが、例えば、連帯債務について「連帯債務者の一人に対する履行の請求は他の連帯債務者に対してもその効力を生じる」（四三四条）、と規定する。また、保証や解除・取消後の善意の第三者等、第三者が利害を有する事例が民法上存在する。このような制度を民事訴訟法上反映させる判決効が用意されるべきであり、また、事実レベルでの確定とその判決効が不可欠である。それが、私見の判断効ないしは派生的判決である。従来の給付判決の主文では、第三者への拡張はできないが、判決理由中の判断では、それが可能である。

また、訴訟物概念そのものが、混乱している状況が存在しており、不明確である。訴訟物とは、主文での「返還請求権」、「登記請求権」といった請求権があるが、他方で、判決理由中の判断での請求権の存否を基礎づける主要事実の主張がある。これは、新説・旧説それぞれの認識の違いであるが、私見は、四つの試金石の統一的解決を放棄し、新説のように、遮断効につき、法的観点を示さず、訴訟法の論理により統一的・包括的な請求権と、旧説により、実務の運営上、個別の条文ごとの請求権とを区別することを提示するものである。

給付訴訟において、主文は、執行のため、不可欠な債務名義となる。給付訴訟が、執行のための訴訟類型であるため、判決主文に既判力を認めることはこのような事情から、肯定されよう。しかし、既判力はその後の新しい判決類型に流用され、失権効と執行力の区別なく、確認判決、形成判決にも既判力が有る、とされている。本稿の中心テーマである失権効は、法律関係を確定し、実体関係の整序を行う役割を有する。この目的のためには、失権効は判決理由に及ぶものと考えられる。これを筆者は判断効と称したい。

私見では、争ったことに加えて、実質的に審理し、裁判所が事実認定した判断に基づき、判断効として、判決理由に判決の拘束力を認める。当事者が公正にそして信義誠実に則り争い、主張、立証したことから、この判決効を認める。当事者権が担保され、手続保障が為されたことが要求される。手続保障を充足した判決の効力を手続効と言う概念も可能であろう。このことは特に第三者について、問題とされる。

争点効の問題となる局面は、第一としては前後二つの訴訟で当事者が矛盾した主張を行う場合である。第二に、前後両訴同じ主張を蒸し返す場面である。この二つについて、私見の判断効は、前訴に抵触する後訴につき、主張レベルで排除するものである。主張レベルで事実認定が為されるためである。

四　結　語

既判力は、後訴に対し、二つの作用がある。第一に積極的作用として、後訴に関して、既判力ある判断を前提とし、これに矛盾する判断をしてはならない、という確定判決の判断内容に対する拘束力である。第二に、消極的作用とは、既判力ある判断を争うためになされる主張・立証を許さず、これと矛盾抵触する主張を遮断する作用である[25]。主に積極的作用に中心を置くのが通説である[26]。消極的作用は特に遮断的作用とも理解される。これは矛盾抵触する判断を排除する点で、実質的な判決効の作用である。筆者が判断効として問題関心を有するのもこの消極的作用についてである。

適法に申し立てられた事項については、裁判所は必ず判断しなければならず、この結論部分が債務名義として、判決主文とされる。しかし、本来、判断が為されたことに事実上の拘束力が認められるべきであり、これは、判決理由中の判断に示されることから、判決理由中の判断にこそ判決効（拘束力）を肯定すべきであろう。「主文に包含するもの」（一一四条一項）とされる趣旨は、主文に表現された判断の範囲内という意味である。即ち、実際の判決主文は、原告敗訴の主文であれば単に「原告の請求は棄却する」あるいは、また原告勝訴の認容判決主文に於いては、「被告は原告に金何円を支払え」、「別紙目録記載の建物を引き渡せ」といった法的性質を捨象した結論が記載される。これは執行文のための給付判決においての理論構成である。判決主文で結論的に判断された部分につき給付判決は執行力を有する。従って、判決理由中の判断こそが事実を確定し、失権効を及ぼす基準となる。これが判断効である。主文に包含するものとは、抽象的かつ包括的表現であるが、実体関係の存否についての判断に関して判決効を認める、という意味とこれを解するならば、これを示す判決理由中の判断に判決効を肯定して良いこととなろう。私見では、当事者の裁判所への信頼及び、当事者間の公平に基礎を置く信義則が根拠となる。判例も争点効論を否定しつつ、信義則による判決理由中の判断に拘束力を認める。[27] また、争点効論はより発展すべきであろうが、基本的なその志向するところは、支持されるべきである。[28]

訴訟物という用語は多義的である。まず第一に審理の対象としての意味がある。ここでは訴の併合・変更といった訴訟運営のための旧説が妥当する。第二に「主文に包含するもの」として、統一的な請求権が一つの債務名義を認めるべく新説的に把握される。第三に既判力の内容として後訴への失権として請求権とほぼ同様の意義が包含されている。これによって訴訟物論争については決着がつけ得よう。即ち四つの試金石のうち訴の変更、請求の併合については旧説が妥当し、主文では新説が妥当する。実務では、このことが行われている。主文で後訴を広く遮断すべき（新説）かは法政策の問題であるが、訴の変更により十分厚く保護されているもの、と考えられる。

判決主文で執行力を、そして、判決理由中の判断に事実の確定及び失権、そして、第三者への拡張（私見の派生判決）を機能させるべきである。実務でも実はこのような新説と旧説の使い分けをしているものと思われる。判決理由中の判断に拘束力を肯定する制度は、日本法では、参加的効力と相殺に例がある。この制度自体は、民事訴訟法に内在的に包摂されている。主文にのみに判決効をみとめるか、判決理由中の判断にも判決効を肯定するか、あるいは両者を機能分担するかは、民事訴訟法上の法政策的判断であり、いずれの法形式によっても制度構築は可能であると考えられる。

しかし、本来判決効の目的が失権効にあるとするならば、実質的な失権効を確認しうることから、判決理由中の判断に失権効（第二の意義の既判力の作用）を認めることが適切である。また、判例のような信義則による遮断もアドホックなものであり、法改正が望まれる。

判決は、裁判所が実体法を適用して、法的事実や権利・義務を判断するものである。請求を是認しうる、あるいは是認しえない、との判断は、実体法上の法律関係についての心証形成であり、この事実が確定され、民事上の真実とされる。この事実の確定に失権効および判断効が生じる。また、第三者は、他人間で自己に不利益な判決が行われることを阻止すべきである。その為にはこの第三者にも手続保障を与えると共に他人間の訴訟での判断が拘束力として及ぶべきことが考えられる。この裁判所の判断（判決では理由中の判断となる）に、判断効という拘束力を認め得ると考える。

この判決効は、実体上の真実と整合的であり、当事者の主張、立証に基づくものである点から、当事者権をも担保でき、判決効として正当化しうるものと考える。そして、私見では、この後訴への拘束力（判決効）を判断効と位置づけている。判決理由中の第三者をも巻き込んだ一連の紛争の統一的解決が可能となるメリットがある。利害関係ある第三者は、前訴の判決理由中の判断に拘束されて、固有の抗弁、新事実を後訴で主張しうる。

判決理由中の判断に判決効としての拘束力を認めることは、当事者の側からも適切である。即ち、当事者は訴訟で攻撃防御方法による相手方とのいわば合意の形成を行っているからであり、あるいは、信義則に基づき主張・立証を重ねてきており、公平かつ真実の追究を行っているからであり、自らの訴訟行為に拘束される、としても不当ではない。

これは、判決効という本来職権的な扱いを主張・立証レベルで当事者主義・当事者権による再評価を行いうるものである。ただ、私見では、事実認定レベルに於いて裁判所が判断した点に判断効の理由付けを行うものであり、当事者と裁判所両者の協力関係を基本として民事事件を扱うべきである、とする一つの提言である。

四 結　語

判決理由中の判断に判決効を肯定する主張は、兼子説たる反射効に始まり、形を変え、発展を続けている。肯定説は判決効の主観的、客観的拡張を目指すものである。肯定説は、従来の既判力論では解決しえない論点をクリアーするものであり、私見はここに新たな判決効論の提言を行うものである。

一個の実体的法律関係が事実認定により確定すれば、その事案は抜本的・統一的に解決され得る。私見の判断効の範囲は失権効の観点から、訴訟法上妥当であり、当事者の期待に沿うものである。紛争解決の新しい基準として、今後も検討して行きたい。

本稿が、判決理由中の判断に拘束力を認めることが立法化される契機となれば幸いである。

(1)　新堂説については、新堂幸司「既判力と訴訟物」法協八〇巻三号、同「条件付判決とその効果」民訴雑誌一〇号、同「争点効を否定した最高裁判決の残したもの」『訴訟物と争点効（上）』二六九頁、同「参加的効力の拡張と補助参加人の従属性―争点効の主観的範囲に関する試論（その一）」兼子還暦・中巻、同「訴訟当事者から登記を得た者の地位―争点効の主観的範囲に関する試論（その二）をかねて」判時六四〇号・六四三号。争点効という観念は、英米法のコラテラル・エストッペルの法理と兼子一博士の反射効論を当事者間にも拡張すべきとの発想から、提唱されたが、いずれも判決理由中の判断に法的な拘束力を認める見解である。

(2)　争点効説そのままではなくとも、基本的スタンスを支持するものとして、中務俊昌「民事訴訟の動向」現代法(5)七五頁、齋藤・民事訴訟法概論〔新版〕三九五頁、小山昇「いわゆる争点効について」ジュリスト五〇四号八一頁、吉村徳重「判決理由中の判断の拘束力」法政研究三九巻三～六号四四九頁、住吉博「争点効の本質について㈠㈡」民商法雑誌六一巻二号一七五頁、六一巻五号七五四頁等。

（3）　大村雅彦・三木浩一編『アメリカ民事訴訟法の理論』一七八頁、一七九頁。

（4）　三ケ月章『民事訴訟法』〔法律学全集〕二六頁。

（5）　兼子一ほか『条解民事訴訟法』六一七頁。

（6）　竹下守夫「第三者異議訴訟の構造」法曹時報二九巻五号七四三頁。

（7）　倉田卓次「いわゆる争点効の理論について」『民事法の諸問題』⑶三二八頁。

（8）　しかし、未だ要件論での再検討の余地がある。なお、反対説として、伊東乾「判決の争点効」実務民訴⑵九三頁。

（9）　Henckel, Prozessrecht und material Recht, SS.149～232.

（10）　境界確定訴訟では、制限的対世効（派生的効力）が及ぶことにより解決される。詳細は別稿に譲る。私見の派生的効力については、拙稿「新しい判決の効力」城西現代政策研究一巻一号二五頁。筆者は、従来の給付訴訟、確認訴訟、形成訴訟に加え、給付の訴えに派生する派生的訴訟という第四のカテゴリーを主張しているが、これは、新しい訴訟類型であり、判決効の主観的・客観的拡張を利害ある第三者に拡張する提案である。

（11）　手続保障が問題である、との点は、ゴットワルト教授に指導された。

（12）　新堂幸司『新民事訴訟法』〔第四版〕五七頁。

(13)　新堂幸司・同右、二九六頁。
(14)　上田徹一郎『民事訴訟法』〔第四版〕四六九頁。
(15)　伊東乾「行為効の理論」法学研究五〇巻一号一一頁（昭和五二年）、同「行為効講義控」法学研究五三巻一二号七頁（昭和五五年）。
(16)　兼子一『体系民事訴訟法』三五二頁。この効力を認める学説として、伊東乾「既判力の範囲」民訴講座(3)七一三頁。
(17)　新堂説による争点効については、新堂幸司『訴訟物と争点効（上）（下）』。
(18)　構成要件的効力とは、通常、ある実体法または訴訟法の規定もしくは当事者間の合意が判決（未確定の判決を含む）の存在を、その法規または合意の定める法律効果のための法律要件として定めている場合の判決の効力をいう。鈴木正裕「判決の法律要件的効力」山木戸還暦（下）一四九頁以下。
(19)　事実レベルでの失権を認める見解として、伊藤眞『民事訴訟法』【第三版補訂版】四九五頁。
(20)　前訴の勝訴当事者に作用する信義則と、前訴敗訴当事者に作用する信義則では、その内容が異なる、とする学説がある。竹下守夫「判決理由中の判断と信義則」山木戸還暦（下）七二頁。両者を区別する考え方はアメリカ合衆国でも採用されている法制度である。裁判の蒸し返しの禁止が要請される点で両者は類似するが、敗訴判決の蒸し返しの場合を特に考慮して、信義則が働くものとされている。
(21)　中野貞一郎「いわゆる争点効を認めることの可否」、同『過失の推認』二〇一頁。

四　結　　語

(22)　前掲（注10）・拙稿参照。

(23)　争点効を生ずべき争点の判断の当否について、不服申立権を独立して認めるべきとする見解がある。全訂菊井・村松一一三三頁。

(24)　最判昭和四八年七月二〇日（民集二七巻七号八六三頁）。

(25)　新堂幸司「民事訴訟における一事不再理」民訴雑誌六号二二一頁。積極的作用に中心を置くのが、通説であるとされている。

(26)　兼子・体系三四七頁、岩松三郎「民事裁判における判断の限界」『民事裁判の研究』九〇頁。消極的作用は遮断効として、矛盾抵触する判断を排除する点で判断効の関心もここにある。

(27)　最判昭和四九年四月二六日（民集二八巻三号五〇三頁）、最判昭和五一年九月三〇日（民集三〇巻八号七九九頁）。

(28)　このような立場を採用する学説は、私見を含めて多数に及ぶ。齋藤・前掲三九三頁、小山昇・前掲、吉村・前掲、倉田・前掲、竹下・前掲。これらは、批判的に（倉田説）、あるいは信義則により（竹下説）、争点効論の変容を展開する理論である。

【参考文献】

伊東乾『民事訴訟研究』酒井書店　一九六八年
上田徹一郎『判決効の範囲』有斐閣　一九八五年
兼子一『新修民事訴訟体系』〈増補版〉酒井書店　一九六五年

菊井維大＝村松俊夫『全訂民事訴訟法Ⅰ』日本評論社　一九七八年
コンメンタール民事訴訟法Ⅱ　第二版　日本評論社　二〇〇六年
新堂幸司『訴訟物と争点効』（上）（下）有斐閣　一九八八年
新堂幸司『新民事訴訟法』第四版　有斐閣　二〇〇八年
小林秀之『新版・アメリカ民事訴訟法』弘文堂　二〇〇四年
浅香吉幹『アメリカ民事手続法』第二版　弘文堂　二〇〇八年

2　判決の効力の客観的範囲

一　はじめに

社会あるところ法あり、とせられることは、自明のことである。判決は、社会の法的な紛争の解決を実現する。この判決の目的は、第一に紛争解決による実体権を維持し実現することと、第二に訴訟での最終的な攻撃や防御を尽くした結果として認められる失権効の遮断範囲を警告するというところに存するのである。これを裏面から言えば、被告に対する応訴の動機づけをも包含しているといえるのである。

判決の既判力の効果を考えるとき、裁判という制度において、既判力が及ぶということは後のいかなる手続に作用を生じるのか、同時にそのような手続にどのような影響を及ぼすのかがまず検討されるべきである。

そこで既判力の本質についてみるとこれは、二つの判断効（前訴の裁判所が審理した実体的評価の力）にあるといえる。すなわち当事者に対する信義則を基礎とした拘束力と、紛争解決のために当事者が争った法的事実に対する遮断効（失権効）である。

既判力のもつこのような意義は、広範な手続的公正に着目した既判力をめぐる再構成を促すのである。即ちそこに於いては当事者のイニシアティブの一層の充実と、その裏面にある信義則の理念の一連の発現による補充・貫徹が理想としてあるといえる。そうして、そこには、これらの活性化に裁判制度がそれ自体として如何に寄与し得るかという問いかけがその前提に在るといえる。

このような民事訴訟の目的をめざすためには、判決とはそもそもどのような力を持ち得るのかという考究が必要である。伊東乾教授の行為効の理論にこの理想を祈念し、本論稿を捧げる。なお、本稿では従来からの学説に依拠しつつ、批判的な意味から今回に限り全ての文献を捨象し独自な論文となった。御海容を乞う次第である。

二　問題の提起

従来の伝統的判決効論が様々な問題を内包していることは明らかである。判決主文に記載された請求権はその確定には判決の確定が必要であることは周知のとおりであるが、しかしその基礎となる法律関係の存否にこの確定効は及ばないとされていた。既判力は、請求権の存否のみ遮断（失権）するのであり、審理において判断した主要事実には効力が及ばない仕組みであるとされていた。

これに対して、実践的な裁判実務にあっては既判力の客観的範囲の異同とは別に、裁判所が判決によって判断をしたということ自体に基づいて確定する効力（判断効）が、実質的にどこまで及ぶかということに関心が集まるのである。

現実の裁判においては、実体法上観念される請求権（法的地位）の個数が必ずしも訴訟法上の効力の異別を惹起せしむるものではない。そこでこの逆の問題として、実際上審理に立ち入ったか否か、による効果即ち、全ての主要事実に対する判断効が及ぶべき場面（これは一事不再理の沿革・本質を律する）があり、そこに判決理由中の判断が任務を担う可能性がある。更に訴状の提起と判決主文については旧説が貫徹されうることは理論的に可能である。裁判の本来的な効力について、このような思考方法が認められるべきではなかろうか。これについて関係が深いとみられる主文の記載、既判力の客観的範囲、請求権競合、判決理由中の判断に分けて本稿で検討することにする。

三　主文の記載

判決の主文に記載されたもの（民事訴訟法一一四条第一項）に既判力が生じ、これが既判力の客観的な範囲であるが、その主文の記載をどのように為すのかが未だ残されたテーマであるといえる。さらに争点効理論を前提として、前訴で主張した事実に基づいて判決が確定したときに、後訴において認められる請求権とは何か、が既判力との関係で論ぜられるべきである。

判決の主文は最低限の内容に限られるというべきである。このことは法条を明記することを以ても可能である。給付判決は請求権（支払金額の明示、対象物件の明示）の存在が主文に記載せられ、既判力が生じるのはその部分なのである。法的理由付けは文章をもって判決理由中に記載されねばならず、さもなくば判決に記載し得ないものと考えられる。現行上の主文の最低限度とは、支払請求権、明渡請求権といった単位をいう。実体権に則して判決の主文を記載すれば、本来主文の表現は所有権に基づく損害賠償の支払いということを明示しなければならないのに、実務ではこのように表示していない。従って現在の実務のこの慣例は、実は判決の主文では新訴訟物理論に依拠しており、これに従った既判力を生じせしめる結果となっている。また実務の慣例は、他方で訴えの変更や併合を許容しており、いわゆる二分肢説を採用している。争点でもある手形訴訟法についても、所説が妥当するであろう。

占有訴権は本権の訴との併行が旧民法で禁止されていた。これは占有訴権をフランスでは仮処分と等しく規律する法政策に由来する。現行日本民法第二〇二条は両者を区別することだけを考えている。これらの事情は、判決の主文が必ずしも実体権どおりに厳然と区別されていないことを示唆しているといえる。

判決の主文との関係で、争点効の本質については、争点効の失権効をどのように考えるかの検討がなされねばならない。後訴に於いて、前訴の既判力の対象とされたもの以外の訴訟物が、再び認容せられるということはどのようなことであるのか、即ち、争点効が排除しないものは何かが問題である。争点効は私見によれば主要事実の存否について生じるものである。それゆえ旧説に依る場合にはこの主要事実に由来するところの請求自体は後日に於いて許容せられるが、しかしながらその既判の主要事実の一致するあるいは矛盾する内容の後訴は請求として遮断される。この法理は裁判制度を利用することから生じるものであり、当然に既判力と軌を一にする。既判力について争いえない（第一一四条第一項）ことと同様にして、主要事実の有効性（争点効の効力）を争うことはできないのであり（第一一四条第二項の類推解釈）、すなわち判決の確定によって争点効は確定的に生じ、もはや排斥することはできないのである。

四　既判力の客観的範囲

判断効として既判力が審理対象のどの部分に対して作用を有するものであるかについては、既判力の客観的範囲の問題として議論が行われてきた。制度的な理念によって客観的・画一的な基準が既判力の対象論を決定するものとされている。裁判制度の約束事として紛争の特定を原告当事者が請求権の提示（これは言うまでもなく、訴状の請求の趣旨に記載せられる判決の主文に対応する部分をいう）によって行うこととなる。この命令形にて示された実体法上の単位の存否が既判力の客観的範囲である。同じく判断効である争点効の客観的範囲とこれは対比せられる。

ここで実体法上の条文によって事件の単位を画するか（旧説）、あるいは判決を志向する訴訟法の概念を基準とするか（新説）の争いがある。

請求権はその権利の内容によって――所有権を例にとれば――引渡請求権、返還請求権、損害賠償請求権等に分類されうる。しかし各講求権―例えば損害賠償請求権―はその要件においては他の権利から導かれるその請求権と広範に重なりあう。これが請求権競合とされる。これは法が一個の法律事実群の法の効果が多様なことに応じてその数だけ権利規範を準備しなければならないことによる。

これに対して訴訟物とは一定の権利関係としてのある紛争の範囲（グローバルさ）の画定を行うための概念である。例えば主文（請求権の存否）、（複数有り得るところの）請求権、そして訴状の請求の原因、一定の権利関係といった認識の根拠は事件内部そのものの呼称である。例えば裁判利用の理念により、既判力の客観的範囲、二重起訴の禁止、訴えの変更・併合、訴訟物、争点効や反射効各々についての検討を必要とする。ここに於いて二重起訴の禁止、争点効や反射効の効力のために入用な概念は何かが問われることが必要である。前述の客観的なる基準をこのような概念に合致したサイズに於いて定めざるを得ない。この個別化の解決無くしては如何なる個々の制度目的も到達せられるということはありえないのではあるまいか。問題は既判力（の効力）自体を画一化すればよいことなのであり、他の全ての一元化がすぐれたものとはいえないのである。従って個別化や具体性が既判力論に影響することはない。即ち一般的・画一的・形式的に既判力の客観的範囲を決めるべきであるという思考は、恣意的・裁断主義的に判決効が及ぶことに対する歯止めとしての意味をもつにとどまることになろう。この場合論ずべきはむしろ一事不再理とはいずれのレベルに妥当するかについてである。訴訟物に対しては権利関係が実体法規を指標として特定されなければならない。これは訴訟に於ける実体法の位置づけから明らかにされる。このことは法治国家に於いて条文を根拠とした法適用を裁判上行う基礎に於いて正当視せられる。従って判決の効力を実体法によって律するか訴訟法によって律するか、については私見による前者であるという考えが通説とされてきた。

他方、ドイツの学説を参考とする新理論でも訴訟物の範囲を画定するのに、一定の中立と事実関係の双方を基準とする見解が多い。

またドイツの一分肢説は訴訟の途中では一分肢説によって説明しているが、訴訟の最後（判決言渡し）では、裁判所の認定した実体権の存否に限って、既判力が生じ、再度の訴訟が禁止される、と説明している。このような説明の仕方は、訴訟の途中と最後とで訴訟物の範囲を異にするので首尾が一貫しないと批判されているが、前述の理由から、我国の学説にはそのような批判を承知しながら説明するのがもっと実際的な結果を導くことができると解する思考がある。

このような二分肢説と一分肢説の立場を前提として我国においては、既判力の客観的範囲（＝(イ)）、訴えの変更と併合（＝(ロ)）、二重起訴の禁止（＝(ハ)）、について、各々、(イ)＝旧説、(ロ)＝旧説、(ハ)＝旧説とする場合、(イ)＝旧説、(ロ)・(ハ)＝新説とする場合及び(イ)・(ロ)・(ハ)全て新説と考える場合が提示されうる。

これはドイツでの「訴訟物は広くしかし既判力は狭く」という考え方に対応している。

このことを敷衍すると訴訟全体を二つの面からみることができる。一つは評価規範として、或る紛争が終了したことを制度上の効力として確定せしめる作用、およびその際同一事件を後日蒸し返さないという効果であり、他方は行為規範すなわち訴訟の局面で審理上のテーマを設定するための当事者へ働きかける力である。前者は従来の既判力論である。これは両概念を判決に応用したものである。

更に実際上審理を行ったことについて確定効が生ずる。これは今一度、判決とは離れて観念すると、旧訴訟物理論に依ることが自然であり、案ずるに争点効理論は勿論、この思考に対応すべきである。このうえで訴訟をその効果から考察するならば、これは法律事実の大きさに基づき旧訴訟物理論に基づく提案が採用されるべきである。同意味であるが請求権が訴訟を志向する実体権を捨象した観念であるのは、請求権競合を解決することを企図するためであるといえる。従って判決の遮断効（一事不再理）については請求の基礎に準じて旧訴訟物理論が妥当すると思われる。二重起訴禁止は新説が妥当すると思われる。このことから判決の主文が一事不再理のため現行のとおり旧訴訟物理論に従い請求権ごとに記載されることとなる。他方、両規範—制度上の確定的効力と審理上のテーマ設定—とりわけ前者のうちの争点効と進行上のテーマ設定については旧説が妥当する。この制度上の確定効とは規範的事実に対し付与される効力である（規範効）。

訴訟物は、同一事実として良い一つの法現象としての救済さるべき事件の請求である。問題は請求権という理由づけ（観点）で事件の数を区別すべきではなく、競合する単位を二重に審理する必要性があるか否かの政策論である。旧説と新説の両説の争いはこの点に帰着する。

判決効は前訴と後訴が関連するか否かを判断する際の試金石とされるのであり、前訴と後訴の事件は以下のように関連する。ここでは後訴との同一性基準は主要事実に限られるべきであり、補助事実や間接事実は排除さるべきである。後訴で主張せられる主要事実が同一の請求の基礎に基づく異なる審判対象に対しこの判断に到る場合には前訴拘束力を認むべきである。この際実体法の審理は排除せられる。他方、後訴で主張せられる主要事実が前訴と競合しない請求権に向けて主張せられる場合にはその存否について前訴の事実認定が後訴に及ぶ。これが争点効である。

二つの訴訟が併行してはならないが、法律要件の重複する事件では、まず審理面では、その外延を包含して訴訟物そのものとし、判決の効力面では審判されたその法律要件の請求権について構成せられるべきなのであり、そこでは実体法上の論理的整合性が検討せらるべきである。後訴での判断では前訴の審理を実体法上論理的に優先すべき前提として認識すべきなのであり、このことは、矛盾防止・訴訟経済に資することとなるのである。

五　請求権競合

従来の請求権競合とは実体法の体系の在り方に対する解決である。周知のように一つのテーマに対する法的な権利競合に対して如何なる法主張が妥当し許容せられるかの判断についての論争が民事訴訟法学に存する。

このような民事訴訟法上の思考は本来的に裁判の本質に由来するが、紛争のスケールの枠組み設定に関わるものであり、かつ裁判所の事件特定に寄与すべきものである。

裁判規範の体系は、実体法の審理に手続法が関与することにより形づくられる。実体法の体系に従って裁判法の概念を構築するという方法が前提である。実体法の構築化で必要とされる観点は歴史的に構成されたものであるが様々な事件の抽象化の所産である。

この抽象化はいくつかの要素（構成要件）により、事件を分類し位置づけることに始まる。ある章立ては、主体論であり、あるいはまた客体論であり、行為論が論ぜられており更に歴史的に総括を経て形づくられたいきさつがある。団体論は極めて新しい理論である。

このような個別的な解決方法を思考するということ自体には一つ価値を見出すとしても、複雑な解決を思考することは不可能であり、事件に対応するために理論的な追及が必要とされる。この対応は、実体法に於ける法的事実の競合が裁判法によって統合ないし調整せられるという基本構造をとる。そこでは請求権の（法的な）評価が問題となる。

なぜ権利ではなく請求権という構成をとるかと言えば、実体法上の法律効果として、典型的なものが幾つか存在するからである。例えば契約を終了させる原因は詐欺によるか、錯誤によるか、或いは場合によっては債務不履行か全てを封じる概念が訴訟法上有用なことは当然である。一回的なアクチオ―錯誤で請求権棄却の後債務不履行で提訴することを阻止すること―が既判力の機能である。請求権の意義はこの概念に発する。古来、法的評価は裁判所の専権であるとされてきた。そして実体法上の法的性質は訴権の個数を左右しない（旧説）。これらが訴訟法上の原則であるとされる。

他方、当事者らが訴状の記載に於いて適用すべき、実体法体系の拘束を受けることは法適用の原則から当然であるとされても、裁判所がその拘束を受ける（＝判決主文の構成に影響する）ことはおそらく不可解なことであろう。ここに訴訟物たる裁判の対象の特定に実体法に基礎を置いた思考を採り、主文すなわち既判力の客観的範囲に関して請求権概念に基礎を置いた主文を採用する許容性がある。この理が訴訟物理論の全てへの示唆であると考えられよう。新説の思考によれば請求権が競合するのは民法の体系（パンデクテン）自体に由来するものであってこれが訴訟法上解決されえない問題あるいは当座の訴訟法自身に原因のある問題ではない。

そこで訴訟物とは既判力の客観的範囲（請求権の存否）よりも広く、裁判の対象となる法的紛争の事実全てをいう。あえて請求権なる概念で説明しようとするならば主題とされる損害賠償請求権や引渡請求権といった広さが妥当であろう。このことは訴えの提起に始まる審理段階全てで法文を対象としつつ、判決の際に請求権の存否に集中する現象を説明するに際しとりわけ有用な概念である。

従来の請求権競合論に於いては、請求権競合説と法条競合説を統合した請求権二重構造論、さらに所説と請求権規範競合説を統合した全請求権規範統合説、そして審理からみるならば私見に近い統一的請求権論がある。新訴訟物理論はあえて言うならば一元型、他方旧訴訟物理論は分岐型と呼ぶことができよう。ここではやはり解決するとするならば法条競合説が妥当である。

本権の訴と占有の訴との関係について付言する必要がある。そもそも本権及び地上権などの他物権には占有が伴う。本権と占有が別々に帰属すべきとき、そしてまた別に帰することがないままでも三つの占有の訴訟の要求せられるべきときに紛争がおこりうる。このことにより民法上本権の訴は規定が民法第二〇二条以外にはない。立法者は占有権以外の本権及び他物権のうちに共通しうべき占有という要素を総則的に抽出し、この占有という概念に対し、返還、予防、排除という三類型を認めたのである。

フランスでの仮処分としての地位を兼ねた占有訴訟は本権の訴とは併行が禁ぜられていた（仏民訴法二五条）。この思考（この本権の訴は本案の訴にあたる）がパンデクテンシステムのなかで占有の訴えを独自の訴訟とした日本民法の中で混乱を招いた（三ケ月章・民事訴訟法研究第三巻「占有訴訟の現代的意義―民法二〇二条一項の比較法的・系譜的考察―」）。解釈論としては民法第二〇二条第二項では占有の権原（例えば本権、賃借権）により占有の訴えの判断をすべきこととなる。したがってここに於いては、訴権の競合はみられない。

六　判決理由中の判断

(一)　様々な判決効が存するなかで、行為効ないし争点効は判決理由中の判断に対する既判力類似の効力である。しかし、従来の伝統的判決効論に対し実践的な裁判実務に於いては既判力の客観的範囲の異同とは別個に判断効が実質的に及ぶや否やを問うべきこととなる。

前提とすべきはこの効力は実際に審理に立ち入ったか否かによって及ぶ効力であること、すなわち一事不再理の原則がその威力を発揮する場面で、判決理由中の判断はその任を負うものであるといえると思われるのである。

訴訟の審理の中で、裁判上判断効（既判力に準ずる効力）が及ぶべき事項があるように思われる。例えば、主要事実の一つ一つや、適用された外国法の確定は後日関連した紛争で必ずや、前提となり争点とされるべき（そこでは確認的な判決や調書での実質的記載以外の効力は否定されている。）事柄である。

そこで、この事実の扱いが如何になされることが合理的であるのかについては、何らかの実質的な効力、わけても後訴に対しての拘束力を有すべきことが望ましい。

この拘束力を認めさせるためには、その前提として当事者に公正な訴訟をさせるべき拘束が必要不可欠なものとなろう。このような思考は今日では主張責任としての当事者の地位に於いて認められている。即ち弁論に於いて、当事者に主張に関しイニシアティブないし権能を許容する価値（判断）に対応し、本来的な当事者のもつ制度利用の結果、認められるべき効力である。私見によれば、民訴法第一四四条第二項の相殺についての規定を類推して争点効に付いて制度的効力を認めることができる。

この効力を肯定しなければ、具体的には、例えば利息請求訴訟―既判力が及ぶのは利息請求権

六　判決理由中の判断

である―の元本債権、賃料請求訴訟の賃貸借契約の存否、所有権侵害に基づく損害賠償請求訴訟での所有権の判断については当事者は何等拘束せられず、再び紛争とすることも可能とせられる。これは紛争解決の趣旨に反する。

私見の如く、これが制度的な効力であるとして、それでは争点効においては如何に考えるべきかといえば、すなわち、争点効とは前訴の訴訟物とせられた法律関係の存否を決定する際に用いられた主要事実に関する判断で後訴に於いての裁判所・当事者を拘束する効力である、といえる。

この争点効の効力は、後日の判決の矛盾を防止し、統一した判断を維持するため、判断の一部に終局性を与え、同一紛争のむし返しを許さないこととするもので、確定判決に付与せられるものであるから、このことに依り当事者間の法律紛争に法的安定性をもたらし、権利保護を確保することができることとなるのである。

右のような内容を有する争点効は、私見の提唱する制度的効力としての判決理由中の判断効の中に包含せしめられるといわなければならない。

既判力が画一的な紛争解決の目標である一方で（評価規範）、争点効は後日の紛争への対応の指標となるものである（行為規範）（前述のとおり）。

このような一連の紛争を終局的に解決するための、きめ細かい訴訟制度こそが様々な効力をもつ民事訴訟の制度目的を達成することとなる。このような制度はひいては私法秩序の維持にもかかなうのである。争点効はこれを前提として別訴での裁判所及び当事者間での自己拘束力として制度的通用性を有する。

このようにみることによって、訴訟物を構成する事実のうち、個々の主要事実（所有権の存否、賃貸借関係の存否、限定承認の存否）が、裁判上有効な効力をもつこと—即ち、そのものの存在がそれ自体で効力を有すべきであるということ—になる。その効力とは後日の法律関係への拘束力であることになる。それゆえこれは裁判上の制度そのものに由来する作用であるといえる。本来的には裁判所が裁判の対象とする訴訟物は既判力の客観的範囲以上に広い大きさを有するといえよう。判決の主文イコール既判力の客観的範囲が、民訴法第一一四条第一項に言う意味であり、一連の法律事実のうちの判断された主要事実はいわゆる既判事項として全て争点効を有するという対応関係がある。後訴で争点効を主張する当事者において当該要件事実の指摘が必要であることになる。理由中の判断効を認める法意は、既判力を認める法意とその論理と理由を同じくする。即ち、これは裁判所が訴訟の審理で確定したことに対する公権的な強制力であり、裁判上の制度的作用である。これは判例のいう「……権利関係の安定、訴訟経済および訴訟上の信義則等の観点から、判決の基礎となる口頭弁論に於いて主張することのできた事由に基づいて判決の効力をその確定後に左右することは許されないとすることにある。」（最判昭和四九年四月二六日第二小法廷判決　民集二八巻三号五〇三頁）に言い尽くされるわけである。

なお、判決に用いられる主張事実には補助事実や間接事実といった区分があるが、これらは主要事実の存否を推認させうる事実であって、主要事実の存否の確定に向けられた攻撃防御にすぎないので、これらは理由中の判断効には含まれない。

(二)　この理論を再審の場合に適用して検証してみることとする。

通常の上訴方法の尽きたとき、主要事実の判断は確定して理由中の判断効が生じる。判決は民事訴訟法第二八五条に従って確定する。この後の再審の申立に於いても理由中の判断効が類推せられる。そもそも再審とは確定した終局的判決に対してその訴訟手続に重大な瑕疵があったことを理由に判決を取消し、事件について再度の審判を行うことを判決を行った裁判所に対して求める不服申立方法である。第三三八条は確定した主要事実の判断に対してその訴訟手続上に重大な瑕疵があった場合、主要事実の判断（認定）を取消し、事件について再度の審判を行うことを主要事実の認定を行った裁判所に対して求める非常の不服申立として争点効についての再審を認めるべきである。裁判が確定し、主要事実の判断が確定すると、法的安定性の見地から以後、主要事実の判断の取消しは認められなくなる。しかし、判断の基礎となった手続や資料に極めて重大な欠陥のあったことが後日判明した場合、判断が確定したことを理由に取消しを全く許さないものとすることには問題がある。そのような扱いは具体的な正義にもとり、また、司法の威信を逆にそこなう結果ともなる。そこでこのような事情から再審理の要求を認むべき一定の事由がある場合には確定した裁判についても、その裁判をした裁判所に対して裁判を取り消して再度の判断を為すことを求めることが要請される。これが判決理由中の判断を取消すための再審である。

右の判決理由中の判断効によるときは、民事訴訟法第三三八条第一項は以下のような解釈が可能である。第三三八条第一項第一号の事実には「法律に従って審理裁判所を構成しなかったこと」を含むことになるし、ついで第三三八条第一項第六号における「判決の証拠」は「主要事実認定の証拠」を含むことになり、さらに第三三八条第一項第七号の「判決の証拠となったとき」には「主要事実認定と証拠となったとき」を含み、そうして第三三八条第一項第八号の「判決の基礎となった」は「主要事実認定の基礎となった」を包含し、さらに第三三八条第一項第九号の「判決に影響を及ぼすべき重要な事項」とあるのは「主要事実認定に影響を及ぼすべき重要な事項」を含み、さらに第三三八条第一項第十号の「不服の申立てに係る判決が前に確定した判決と抵触すること」には「不服の申立ある主要事実の認定が前に言渡された確定した主要事実の認定と抵触するとき」を含むという類推解釈を行うことになるのである。

七　おわりに

本稿においては、判決の効力に関して、争点効論ないし行為効に基づく判決理由中の判断効を提唱することによって、従来判決主文の効果と争点効とを区分していたものは、実質的には判決主文に基づく拘束力も含めて裁判所が判決において事実を認定したという行為の効果としてまとめることができ、これは判決理由中において主要事実を認定したという裁判所の判断効として共通なものであることによる。ここで従来争点効といわれていたものは、実は判決理由中の判断効に含まれることになり、私見ではこの判断効は主要事実に及ぶとするものである。こうして裁判の一回性の要請と当事者（原告）の意志に合致することになる。

訴訟法上、判決の後訴に及ぼす効果とせられるものに遮断効（失権効）がある。例えばその判決の作用として、争点効があり、既判力がある、と考えられるべきであろう。それが二重起訴の禁止のための効力であるか否か、実体権の単位ごとに認めうるか否か、はそれぞれ右の概念の規律する問題といえよう。今日の裁判制度自体から何が要請されるかという問題は、現行民事訴訟法自体が有する理念とその体系の中に内包せられ、かつ裏打ちされている。裁判論自体を論ずる以上、裁判のなすこと——そこでは事実に法が適用せられ、判決主文が書かれるのだが——という任務の重大さ・尊さと、法秩序の是認するところを検討すること以外に方法はありえないのである。裁判制度が制度として存在することを全く相対的なかたちのみで把握することは、あくまで回避しなければならないのである。勿論、事件を広汎に観察するだけでなく、当事者（原告、被告）の意思に合致しているか否かを検討する必要があることは当然である。そうして、それには実体法を措定しつつ一回的な紛争の解決及び運用を旧理論によって行わしめなければならないであろうと考えるのである。

今日のこの問題をアクチオに思いを込めて本論稿をとじることとしたい。

3

判決効再論

序

本稿は、判決効論の現時での課題を示唆するものである。従って、チャレンジングな概観に終始するものである。なぜ、このような認識の多様性が一つの判決論に存在しうるのか、という疑問に筆者が答えうる事はできない。この多様性とは法的事実がいかにして判決に凝縮されうるかについての考え方、あるいは、どのような条件に於いて、判決の存在方式が可能かについての統一的把握に関するものである。具体的には、判決の名宛人とはどのように決定されるのか、あるいは、判決の資料とされる法的事実とは如何なるものか、等々についてどのようにアプローチし、いかなる思惟形式を選択すべきかに関するものである。

本稿は既に筆者が発表してきた論考に新たに命題の一貫性を試み、いくらかの修正を追加するものである。すなわち判決効論及び訴訟物論及び請求権競合論についての考察を試み、より普遍的な地平に至る一歩とする。判決効論特に訴訟物論争は多くの論争を招いたが、決着が日本では、いまだついていない。

ここで、まず、指摘しておくべきは、認識の根底にある、法解釈のあり方であるが、価値評価

（ドイツに於ける戦後の評価法学）を最終的に用いることをも視野にいれた、事実の扱いに関し、利益考量等の思惟を行う判決のための、考察形式は、時間軸に沿った事実認定の積み上げ方（例として、請求権競合論）・事実の収集の方法（判決の構成、判決主文と判決理由のあり方）、及び第二に、その作業のための事実収集の限定方式あるいは、その評価方法（訴訟物論争）等である。ここで獲得される判決の効力の範囲の評価ないし確定が、判決の主観的範囲・客観的範囲に於いてどのようなものか、が課題とされる。ここでは、主に、民事裁判における、判決の形成方法を当事者の訴訟行為を重視することから当事者主義の観点から扱う。

一　第四の訴訟類型について

民事訴訟法に於ける訴訟類型は、伝統的に契約を中心に、為す債務、与える債務等を基本とする債権債務関係が、給付訴訟として定型化され、確認訴訟、形成訴訟は、比較的新しい訴訟類型である。(1) その契機は、訴訟物の目的（執行を前提としない、確認や宣言を求めることを目的とする類型化）に依る。この訴訟類型は、判決効の相違のもとに、三つに分類され、それぞれについて、独自の判決効の性格が特徴的に存する。これは契約論から離れ、訴訟法固有の判決効を特化した所産といえる。[2] しかし、この三類型のみに訴訟類型が限定されるか否かは、疑問とされ、三類型に属しない特殊な訴えとして、共有物分割の訴え（民法二五八条）、父を定める訴え（民法七七三条）、境界確定の訴え、などが形式的形成訴訟とされている。[3] 形成訴訟については、対世効に関わる会社訴訟、身分訴訟、行政訴訟について、関連するが、この統一的理解については、未解決のままである。私見（後述）はこの問題関心に依っている。

このような、紛争類型では、新たに法による支配、法治国家の観点から、裁判を受ける権利（憲法三二条）が保障されるよう、訴えの類型に新しく加えられ、民事訴訟法に受容されることが要請される。[4] 請求権につき分類されるほか、訴訟物につき、判決を求める地位、また、固有の、訴えの利益が認められ、さらに、判決の効力につき、当事者適格（原告適格、被告適格）が、限定されよう。また、紛争解決のための新たな判決効（既判力ある判決の拘束力）が承認されるべきであろう。

このような論拠により、民事訴訟の体系性に整合的に、さらなる訴訟のカタログに追加することが、合理的となるために、私見を提示するならば、第四の訴訟類型として、新たな判決効が認識される。即ち、実体法上、法的に利害関係ある第三者に対し、制限的対世効を認めることが考えられる。これは、私見に依れば、前訴・後訴の統一的解決を図るために、前訴給付判決からの派生的判決効を後訴に肯定し、利害関係ある第三者に既判力の拡張を認めるものである。これは、民法等の実体法上第三者（保証人、連帯債務者、連帯保証人、転貸借、共有物、詐害行為取消権、債権者代位訴訟等）及び、現代型訴訟(5)につき、前訴の判決効を後訴で当事者及び利害関係ある第三者が拘束され、それ故後訴で前訴判決を援用しうるものである。訴訟法上、さらに、相殺（一一四条二項）、口頭弁論終結後の承継人（第三者）（一一五条一項三号）、目的物の所持人（同四号）、形成権（取消権、解除権、白地手形補充権、建物買取請求権、ここに本来相殺権も含まれる）の遮断効、一部請求、法人格否認の法理、境界確定の訴え等が利害関係ある第三者をも拘束力を受けるものと考える。これは前訴の既判力、確定力、形成力の複数の判決効を受け、さらに後訴を拘束することから、制限的対世力を持つものである。これは前訴の給付判決から派生するので、派生的判決・派生的訴訟・派生的訴えと呼びたい。後訴では、裁判官が職権で調査することも可能であろう。境界確認訴訟はこのように第4の訴訟類型であり、複合的な判決効の性格を併せ持つ。この訴えは個別的権利を保護するとともに、紛争解決の実効性を高め、統一的・一回的解決を図る柔軟性を有する。また、異時的共同訴訟であり、潜在的な同一紛争を一挙に解決するものである。反射的効力説(6)から、明らかなように、このことは、必然的に判決理由中の判断の拘束力を認めるものである。これは、争点効(7)により、論拠づけられ、今日では学説上、定着しているものと思われる。早期の立法的解決が望まれる。

また、私見は、判決の相対効の例外を認めるものであるが、これは、従来の訴訟が債務者・債権者の対立構造を前提としたのに対し、私見は第三者の登場する紛争解決（民法上は、二当事者間の債権者対債務者を主に扱っており、この事例は少ない。現時は現代型の共同訴訟でとりわけ問題となる。）の実効性を意図するものであることに依っている。給付訴訟は、そのような執行力を前提とした判決類型であった。

前述した訴訟のカタログ上の共通点は、個別の権利保護であり、（法的）紛争解決であり、法構造と民事裁判の関係、および本質に依拠している。このような様相は、今日、救済として、捉えられており、(8) 今後の民事訴訟の目的論とも関連するであろう。ここで留意すべきは、何をもってして、裁判としうるのか、であり、(9) さらに裁判論の普遍的テーマであろう。

二　訴訟物論争

訴訟物論については、ドイツに於ける一九五一年民事訴訟法法律家大会に端を発し、ドイツに於いてはその後新説がすぐに定着したが、兼子一博士は、旧説を採用され、(10) 実務に定着している。

訴訟上の請求は、原告が訴えによってその法律的当否について裁判所の審判を求める被告に対する関係での主張である。請求は原則として、法律的に当否の判断できる一定の利益主張、従って、一定の実体法上の権利又は法律関係の存否の主張として特定されなければならない[11]。判決は審判中立に対する関係性の範囲内で、事実認定により、特定され、判決として、言渡されるが、本来、訴訟の対象である請求権が何かということは、訴訟の主体である当事者との関係性で確定される。ここで訴訟物の範囲は、訴えの変更（一四三条）、訴えの併合（一三六条）、二重起訴の禁止（一四二条）により、そしてまた、請求の同一性の顧慮により、画される。判決効は請求権の当否によって判断可能な一定の利益主張として特定・評価される。この法律的当否の判断が判決であり、判決の効力の範囲は旧説により、実体法の個々の条文単位とするか、新説的に一回的解決という訴訟法上の論理とするか、は法政策により、決定される問題である[12]。

訴訟物論争特に請求権競合での議論の成果の一つは、新説によっても、旧説に由っても要件事実論を中核とする民事判決の扱い方（権利の発生、変更、消滅の存否の認定や請求権の存否の判断）には、関係がない、という点である。従って、旧説的には、判決主文に何条によりと摘示することにより、法的観点を示せば事足りる。しかし、これを行うことの根拠を示すことは、見解の相違であり、ここに論争の決着のつけ方の困難さがあるが、請求の併合・訴えの変更の条文上の根拠が民事訴訟法上に存在する以上、審理については旧説に依るべきことが明らかであるとされよう。判決の主文すなわち請求権の存否の判断は、後訴への遮断効の範囲を画するものであるが、様々な法律構成が二重、三重に可能な場合に判決効の範囲に幅が認識されること、そして、広く遮断することが訴訟経済上、再訴・後訴提起の観点から民事訴訟法上の利益が存在することも、また明白であり、そこで、私見は判決効の範囲（遮断効）と審理の対象とを分け、前者が新説、後者が旧説に依るべきことをあらためて提言するものである。この個別の争点の実証は今後の検討課題としたいが、両説各々メリットのある適用場面に則し、採用してゆくべきことと考える。

両説は、比較法的にみて、どちらも在り得るものと解して良い、と思われる。従って、どちらかに明示されていれば、各々その解決で良いのであろう。どちらか分からないという不可知論ではなく、どちらかに決定しておけば良い、とする決定論的である。

そこで、この法政策の決定基準は何かが、次なる問題であろう。請求の識別基準は、請求の審判の為に資するものとされ得、審判の範囲内で行われるべきであろう。法では、ここに訴状の必要的記載事項として請求の趣旨及び請求の原因が挙げられている（一三三条二項二号）。請求の趣旨とは、認容判決の主文を掲げた表示である。例えば、被告は原告に金十万円を支払え、との判決を求める、とする表示である。これは、主文では実体法上の法的観点を捨象し（例えば、債務不履行にもとづく損害賠償請求権か、不法行為にもとづく損害賠償請求権か、は、判決理由を参考にしなければ、不明確である）、統一的な請求権（受給権）を表示している。私見によれば、これは、新説を前提とする表示である。これは、理論的には、訴訟法的な一回的解決を図る請求権概念（新説）を主文に提示したものである。

これに対して請求の原因とは、請求の趣旨と相まちこれを補足して、請求が特定の権利主張であることを明確にするに必要なその発生原因である事実を指す。確認の訴でも請求の趣旨だけで権利関係の明確にならない場合は、請求原因を照合しなければならないが（例えば、原告の土地明渡請求に関しては、その使用権が、地上権か、賃貸借契約か、使用貸借契約のいずれに基づくかは、その発生原因を判決理由において確認しなければ、判明しない）、給付請求権、形成要件に関しては、常にこの請求原因によって識別されることになる。(13) この請求原因は審理の対象であり、判決理由に示されるが、個別の実体法規の請求権の審理に関する旧説的構成を訴状で表示したものである。従って、私見に依るならば、判決主文は、新説により、統一的・一回的解決を行い、判決理由中の判断は旧説によって審理を行うという二重の構成を採っているものとされよう。

訴訟物の試金石とされる四つの事項は、審理のため、請求の変更及び、請求の併合に関しては、旧説により、実体法上の条文に依った扱いが為されるべきである。これに対して、判決の後訴に対する判決効ないしは遮断効に関しては、判決主文である判決の客観的範囲及び、二重起訴の禁止につき、訴訟法の論理によって広く遮断するため、新説が採用されているものと考えられる。四つの試金石論は一つの理論により、統一した説明はなしえないとしても、個々において個別に矛盾を回避しえれば、問題はないことと思われる。

既判力がなぜ拡張されるのかについてはその理由が、従来十分には、説明されて来なかったものと思われる。私見によれば、それは、実体関係に於いて、第三者を含め、統一的な紛争解決を図るべきであり、共同訴訟とならなかった場合には、これは民事訴訟法の観点から、画一的かつ統一的にこの問題を解決すべきものであり、これこそが、既判力の拡張として個別の論点ごとに対応されて来たからである。しかしながら、個別な対応によるよりも、一般的・統一的な理由により、論じられるべきであり、私見に依れば法的に利害関係ある第三者に、判決効を及ぼす制限的な対世効を認めることによって解決すべきであるものと考える。この新たな判決効は、更に執行力および確定力を含むべき要請に応える局面にも対応すべきであり、これは境界確定訴訟に見られる、第四の訴訟類型であると考える。

更に既判力との関係でいうならば、実体法上、利害関係ある第三者について前訴の訴訟物たる法的権利義務関係が、先決問題である場合には、その第三者に、前訴判決の効力を及ぼして良いと解する。

その根拠としては、後訴での矛盾禁止、即ち前訴判決と矛盾した後訴判決は、回避されるべきであり、実体法上、矛盾無き統一的解決がもたらされるべきであるからである。

既判力論について付言するならば、これも法政策の問題であるが、既判力は主文に包含するものについて生じる（一一四条一項）。この点については、後訴への遮断効が異なる。

判決理由中の判断に判決効を認める私見によれば、例えば、独立当事者参加の一部の者の上訴においては、判決の事実認定ごとに拘束力が認められ、この点について、利害ある者は、個別の争点ごとに上訴の当事者となる、といった場合に適合的であり、合理性がある。

また従来、請求権という概念が、新説、旧説でそれぞれ異なった範囲について用いられている。請求権概念には混乱がみられ、多義的である。訴訟物なる観念は日本においては、明治二三年の旧々民事訴訟法において初めて明文化された。訴訟物件なる用語が用いられ、それ以前のテッヒョー草案ではこれらの用語は用いられてはいない。明治期では財産権上の請求、あるいは総て訴訟の目的物をいう（本多康直・今村信行「民事訴訟法注解」一八九〇年）、とされ、講学上は訴訟上の請求とされ、今日定着している。ここでは、既に統一的請求権概念が前提とされ、新説に依る構成が行われていた、と思われる。しかし、なお旧説的な把握も実体法の観点から、検討されている。

具体例として、手形債権の原因関係の支払いに関しては、問題とせられる。実体法上の請求権ごとに訴訟物を把握する旧説の理解に依るならば、原因債権と手形債権とは、別個の原因であり、たとえ、手形が原因債権の支払いに向けて振り出された場合であっても、同一給付に向けられた場合は、訴訟物は別個として扱われる。これに対して、新説に依るならば、原因債権・手形債権とも、同一の給付に向けられたものである以上、一つの訴訟物と把握されよう。

三ケ月説により、一分肢説と二分肢説の対立が問題提起されたが[14]、私見によれば、審理において、実体法による解明を要する原因関係に関しては、評価規範として、二分肢説を採用し、旧説的解決を行うことが可能であろう。これに対して、判決効（の範囲）により、遮断すべき、かつ取引の安全を配慮すべき場合は、一分肢説を採用すべきと考える。ドイツにおいては、一分肢説は新説的な統一的解決が可能であると解されているからである。ここに於いては個別的なケースバイケースの解決が適切であると考えられよう。また当事者の利便さを考えるに、新説では後訴を広く遮断でき、何度も応訴する煩を防止しえ、審理も近時の学説に依るならば、二つ以上の条文の時効や相殺等の扱いにつき、柔軟に対応できるメリットがある。民事訴訟の固有の裁判観に裏打ちされていると云えよう。これに対し旧説では、個別の条文ごとに請求権を行使し得、再度の後訴も行い得ることから、救済面での保護が篤い。実体法の制度趣旨に合致した考え方と云える。私見は折衷説として、判決主文には新説を、審理には旧説を採用すべきものと考えるものである。

訴訟物論争においては、多くのことが語られたが、汲めども尽きぬ泉に迷い落ちた感がある。日本においてこのような長期に渉り、活発な生産的議論が為された例は他に類を見ない。実務上は、判決の主文と判決理由の区別を基準として、新説と旧説両説を使い分けている。すなわち主文において訴訟法的論理（新説、すなわち、法的観点を捨象した統一的な請求権）が採用されている点でドイツ理論とも親和的である。実体法学者によっても日本の実務の運営は、肯定されよう。新実体法説は、実体法の複数の規範調整を行う点で技巧的に過ぎるので、若干説得力に欠けるので、採用しがたい。請求権概念[15]は多義的であり、混乱の見られるところであるが、今後はより、解明が為されることが期待されるところであり、現時点においては、筆者の能力では、これ以上の論究は困難である。合理性を追求するべき、法政策上の判断に至るからである。判決主文の書き方としては、現在の実務の新説による統一的な一つの請求権が、摘示されればよいし、旧説による条文を指示した書き方も十分可能であり、如何様にも判決主文を書けるのであり、いずれをも、採用可能とされよう。今後の更なる論争に期待する所である。その際の判断枠組みは各々の国家において、様々であろう。因みに、私見は後訴の再試の為にも判決理由中の判断に裁判官による事実認定につき、事実認定効という拘束力を認めている。従って判決主文に法的観点を付すことに一貫性がある。しかし、民事訴訟独自の観点から、後訴を広く遮断するため、判決主文に法的観点を付さない、と考える。

三　請求権競合論

訴訟法と実体法の交錯領域として、請求権競合につき、判決論との関係で言及すべきであろう。実体法に於いては、請求権の用語がもちいられるようになったのは、歴史的にさほど古い事実ではなかった(16)。請求権は実体法上の権利関係が、個別に法文上規定される。即ち、同一事実に依る利益紛争である場合においても個別の権利ごとに、訴訟では、別個の請求となる。数個の権利の発生原因として、社会的事実は、法規上、個々の条文に規定される。現象として、社会的事実が、一個であるとしても、実体法上は、数個の権利の発生原因として、請求権が生じる(17)。ドイツにおいては、請求権は、新説的であり、実体法上の請求権とは別個の概念であるとし、また、このことは釈明権行使や訴えの変更に親和的である、とされ、単に、当事者は、事実を述べるだけで良い、とされ、法規の適用は、裁判所の専権とされる。[18] 法的性質決定や事実関係の同一性は職責とされることに利便性があるとされるわけである。また、訴訟物は広く認めた方が、当事者の救済や、裁判所の請求権の認定の扱いにも資するものである。しかし、訴訟法上は、原告は、一定の権利関係を請求原因として、主張しなければならない。従って、審理は旧説的なのである。日本では、請求の原因が異なれば、請求は異なるものと扱われるべきである。そして、既判力も請求の当否すなわち、権利関係の存否について生じる。当事者の申立ては、紛争の基準として審理の対象とされ、判決効とは、別の概念である。

具体例を提示すると、判例は、商法上の運送契約（商法五六九条）は、民法の特別法とされ、運送契約の債務不履行が時効消滅（五年とされる。商法五二二条本文）した後、更に、不法行為責任を問えるとする。[19] 不法行為の時効は、不法行為を知った時から3年、不法行為の時から二〇年とされるが（民法七二四条）、特別法たる商法は、適用されず、不法行為法の適用があるとされるのである。この点においては、請求権を一つに融合し、かつ過失や時効、請求額の算定につき、いいとこ取りを裁判官が総合考慮すべき、との扱いも提案されている（参照。民法七二二条二項）。

請求権は、私見に依れば、競合する。これは、現時の法体系の宿命である。すなわち、特別法と一般法の両規定の存在（このことは、同時に、また解決方法たりうるが、すなわち法条競合説の立場、判例法理である。私見もこれに拠る。）、また、例えば、民法典は、パンデクテン方式を採用し、物権法（第二編一七五条〜三九八条）の規定と債権法（第三編三九九条〜七二四条）は、それぞれ、独自に本来、請求権の発生・消滅等を規定し、それは、第一編の総則規定以外にも、各編ごとに規定が残されている。したがって、今のところ、請求権はやはり、競合するのである。

このことは、民法典編纂方式において、不可避であろう。

この点につき、まず、民法学者により、新実体法説の議論がある。まず、奥田説によると、観念的には数個の請求権が競合しても実在としては一個の請求権だけが存在するとされる。例えば、不法行為と債務不履行とが、競合する場合、観念的に競合するが、実在として訴訟物は、損害賠償請求権が一個あるだけである、とする。そして、観念的に競合する請求権の法的性質決定に関しては、競合する観念的請求権のそれぞれの性質から、裁判所が合理的に選択すべき、とされる。[20]

第二に四宮説では、さらに、請求権競合の場合には、法的性質を、統一するだけでなく、構成要件についても、統一すべきものとする。ここに於いては、競合する複数の請求権規範を調整し、解釈論によって、統一的な構成要件および法的性質を発見すべし、とする。これは全請求権規範統合説とされる。[21]

第三に、加藤雅信説によれば、まず、統一的請求権という概念を提示され、縦型の請求権競合

（後の再抗弁等に於ける競合）と従来からの横型の請求権競合とを統一される。[22]

次に、民事訴訟法学者によるならば、まず対立する点は、新説論者からは、請求権競合では、訴訟物を一個とする。これに対して、旧説は、請求権競合を容認し、法が、複数の規定により、より篤く保護しているのであるから、これら全ての救済方法を許容すべきである、とする。

旧説に対しては、請求権の個数だけ、訴訟の提起が可能であり、蒸し返しが可能となる、との批判がある。これに対しては、信義則による、蒸し返し禁止が為されるとの反論がある所である。

新説では、実体法上複数の請求権が競合する場合であっても、訴訟上の審理の対象即ち訴訟物は一個であるとし、実体法上の複数の請求権は訴訟物を理由あらしめる法的観点が複数あるにすぎない、という。そして、訴訟物は、実体法上一回の給付を求めうる法的地位、ないしは受給権という概念である、とする。そして、また、実体法上の請求権は訴訟物を基礎づける攻撃防御方法にすぎない、とする。また、それ故、請求権競合の場合は、一個の請求権で敗訴した後に、別個の請求権で提訴することは、同一の訴訟物なので既判力に抵触し、遮断される、とされる。そして、紛争の中心は、給付を求める法的な地位の存否であり、請求権は、それを基礎づける手段にすぎない、とする。

実務上採用されている法条競合説では、一個の事実が複数の請求権の構成要件を満たすようにみえる場合でも、それは、単に法条が競合しているにすぎず、解決方法としては、一般法と特別法のように法適用の順位が決まる、とする。例として、契約法と不法行為法では、前者が特別法であり、後者が一般法とされ、契約法理が優先する、として解決する。しかし、法条競合説に対しては、不法行為法では、消滅時効及び責任額の算定（民法七二二条二項）において、契約法と相違する点の考慮をどう行うか、問題がある。これに関しては、個別の条文は職権で顧慮されるべきもの、と考える。また、さらに、二重に規定が存在し、保護が篤く行われるべきである、という点について、どう考えるか、検討されるべきである。これについては、法解釈としては特別法で救済されなければ、一般法に戻って法適用を行いうるのであり、問題は回避されるものと考える。従って現在の実務はこれで良いのではなかろうか。

新説を採るか、旧説かについては、四つの試金石のうち、訴えの変更、請求の併合を認めるべきか、否かに関わる。裁判の実務では、両概念を肯定したほうが訴訟の進行及び審理の順序等の整序を行い易いと考えられる。従ってこれを単に攻撃防御方法の問題とすべきではなく、条文上の根拠のあることからも、訴えの変更（一四三条）、請求の併合（一三六条）の審理において、行うべきであると考える。依って請求権の競合に関しては、きめ細かい審理を行うため、旧説を維持すべきであろう。これを実際に行う法条競合説が妥当である。

このように請求権競合においては、審理に重点があり、旧説的に考えて良いこととされよう。また、判例では、各請求権は独立して相互に影響しないものとされるが、この点も含め、今後請求権の幅ないし大きさをどう確定し、蒸し返し等、後訴の失権効の範囲を考えるか、が課題とされる。

四　結　語

本稿は、かつて筆者が試みた論考(23)に再考を加え、これに訴訟物論争、請求権競合の二章を付したものである。判決効をめぐる状況は、今日なお困難を極めている。そして本稿では言及しえなかった幾つかの論点については、なお検討を要するものであり、筆者の今後の課題としたい。付言するならば、判決効の範囲は時代により、様々な要素との関係性の中で、変容を余儀なくされ、その内実を問われ、外延を変化させつつ、発展して来た。しかし、その方向性を確実に定める指針を見いだすことは困難である。時代の要請は予測しがたく、その解答も一義的ではない。約八〇年ぶりの平成八年の全面改正においては、判決に関する改正は見送られ、争点整理による訴訟の迅速化が主として、試みられた。しかし、このことで全てが解決されたかは、未だ未解明である。まだ、不明確な問題が山積し、学説の果たすべき役割は、なお大きい。本稿はいくつか問題提起に終始し、結論づけえなかった問題点が多い。このような小論を捧げることは、甚だ心許ないが諸先輩方の御海容を乞う次第である。

(1)　確認訴訟は、ドイツ一九世紀の産物であり、形成訴訟の成立は、二〇世紀初頭である。形成訴訟は Wach 以降、第三の訴訟類型とされ、Hellwig により、理論的に確立された。参照、田頭卓一「形成訴訟および訴訟類型論の歴史」鈴木正裕先生古希祝賀・民事訴訟法の史的展開二四八頁。

(2)　例えば、類型化については、訴訟法上、訴えの利益により、進展をみた。三ケ月章「権利保護の資格と利益」民事訴訟法講座一巻一一九頁（一九五四年）、伊藤眞「確認訴訟の機能」判例タイムズ三三九号二八頁（一九七六年）、野村秀敏「訴えの利益の概念と機能」講座　民事訴訟②一二七頁（一九八五年）、同・『予防的権利保護の研究』（一九九五年）、高橋宏志『重点講義・民事訴訟法（上）』三〇九頁（二〇〇五年）。確認の利益につき、谷口安平「権利概念の生成と訴えの利益」講座　民事訴訟②　一五三頁（一九八四年）、竹下守夫「救済の方法」岩波講座　基本法学八　一八三頁（一九八四年）、山本弘「権利保護の利益概念の研究（一）～（三・完）」法協一〇六巻二号一五七頁、三号三九六頁、九号一五四九頁（一九八九年）、中島弘雅「法人の内部紛争における被告適格について（一）～（六・完）」判例タイムズ五二四号三五頁、五三一号一五頁、五三八号三一頁、五四四号二〇頁、五五三号三二頁、五六六号二〇頁（一九八四年、一九八五年）。形成の利益については、法律関係の変動を発生させることから、実体法が個別に規定し、要件化されている。新堂幸司『新民事訴訟法［第四版］』二六八頁（二〇〇八年）。

(3)　上田徹一郎『民事訴訟法［第五版］』一三二頁（二〇〇七年）、本間靖規「対世的判決効拡張と手続保障」民訴雑誌三三号（一九八七年）。

形式的形成訴訟の要件化は未だ確立されているとはいえないが、例えば、境界確定の訴えについては、原告は、特定の境界線の存在を主張する必要はなく（最判二判昭和四一年五月二〇日裁判集民事八三号五七九頁）、またかりに当事者が、特定の境界線の主張を行っても、裁判所はこれに拘束されないとする（大判（民連）大正一二年六月二日民集二巻三四五頁）。しかし、境界確定の訴えの実質は、あくまでも所有権の効力に関する私人間の紛争であり、このような争いを解決するための取扱いが考えられるべきである（新堂・前掲［第三版］一九二頁以下）。

(4)　法治国家の基本的な要請として、形成判決が認められるべきことを主張するものとして、鈴木正裕「形成判決の効力」法学論叢六七巻六号二七頁。

(5)　現代型訴訟とは、伊藤眞教授の提唱による。これは私見に依れば、公害紛争、薬害紛争等の不特定かつ多数の当事者の利害に関する共同訴訟で個々の当事者の損害額、過失については個別の事実認定がなされるべきであるが（これは、後訴の提起により、固有の抗弁の主張を認め、また、このことにより、手続保障を図るものである。）、他の因果関係、違法性に関しては共通の事実認定が可能であり、類似必要的共同訴訟とされ、新しい紛争類型である。ドイツの団体訴訟とは、個別の後訴を認める点で、区別される共同訴訟である。

四　結　語

(6)　反射的効力説は、保証について兼子一博士が提唱された主張である。前訴の当事者を債権者対保証人あるいはまた、債権者対主たる債務者か、を問わず、保証契約の存在のつき、後訴での援用を認めるのが、私見である。この点に関して、三上威彦教授の指導を得た。

(7)　争点効について、新堂幸司著『訴訟物と争点効（上）（下）』（一九八八年）。今日では、通説化している。争点効理論の残された課題としては、判決理由中の判断につき、判決の拘束力を認めるか、といった問題があるが、米国においては、この点は当然のこととされる。私見によればこのことを更に進め、自白を含め、裁判官の事実認定に判決の拘束力を認める（判断力）。この点は、明確な上訴とともに後訴への遮断効を認めることにメリットがあると考える。また、**Zeuner** は判決理由中で判断される権利関係と訴訟物との密接な関係性を根拠に、後訴訴訟物の存否の判断に前訴判決が矛盾する場合する場合に判決理由中の判断に拘束力を認める。

Zeuner, Die objektiven Grenzen der Rechtskraft im Rahmen rechtlicher Sinnzusammenhenge, S. 55ff.（一九五八）。私見では、後訴遮断の判断は、前訴判決理由中の判断を再試すべきことから、判決理由中の判断に拘束力を認めることは判決としてむしろ一貫性を有するものと考える。

(8)　救済という用語を用いるのは、請求異議の訴え（民事執行法三五条）の救済訴訟説（三ヶ月章・研究二巻五八頁）にヒントを得ている。民事訴訟の本質乃至目的は救済であるとも考えられよう。なお、川島四郎「民事訴訟過程の創造的展開」（二〇〇五年）同「民事救済過程の展望的方針」（二〇〇六年）を参照。

(9)　これに関しては、伊東乾「裁判論」法学研究（慶應義塾大学）八一巻三号一頁。

(10) 兼子一『新修民事訴訟体系』一六二頁。
(11) 同右。
(12) この点については、ゴットワルト教授の指導を得た。
(13) 兼子・前掲一六四頁、一六五頁。
(14) 三ケ月説による手形論については、同「民事訴訟法研究第五巻」『手形訴訟』一〇一頁以下、同「民事訴訟法研究第三巻」『新訴訟物理論について』二八四頁以下、同「民事訴訟法研究第一巻」『新訴訟物をめぐる戦後判例の動向とその問題点』一六五頁以下を参照。
(15) 請求権の民法学者による研究として、奥田昌道『請求権概念の生成と展開』(一九七九年)。
(16) 兼子一『実体法と訴訟法』七五頁(注87)。Vgl. Mayer. Anspruch und Rechtskraft S. 1 f.
(17) 兼子・前掲体系一六六頁、一六七頁。
(18) 法格言として、古くから、「汝は事実を語れ。しからば我は法を語らん」とされる。
(19) 判例として、最判昭和三八年一一月五日民集一七巻一一号一五一〇頁。
(20) 奥田昌道「請求権と訴訟物」『請求権概念の生成と発展』三一三頁以下。
(21) 四宮和夫『請求権競合論』(一九七八年)。
(22) 加藤雅信『財産法の体系と不当利得の構造』(一九八六年)参照。
(23) 第二章　第四の訴訟類型については、「新しい判決の効力」城西現代政策研究創刊号(第一巻第一号)(二〇〇七年)、他に、拙稿「争点効と実体法」『民事紛争の解決と手続』佐々木吉男先生追悼論集　所収参照。

4　物上代位権行使と差押

4　物上代位権行使と差押

一　はじめに

民法は三〇四条一項本文において「先取特権ハ其目的物ノ売却、賃貸、滅失又ハ毀損ニ因リテ債務者カ受クヘキ金銭其他ノ物ニ対シテモ之ヲ行フコトヲ得」と規定し、先取特権について、物上代位性を認め、これを質権および抵当権に準用している（三五〇条、三七二条。但し準用は三〇四条全体についてである）。また、三〇四条一項但書においては「先取特権者ハ其払渡又ハ引渡前ニ差押ヲ為スコトヲ要ス」と規定する。この差押の意義については、解釈論が多岐に分かれ、学説が多く対立しているところである。

そこで本稿では、あらためて物上代位制度そのものの意味を考察し、その構造及び差押の意義を確認しようとするものである。

二　立法者意思(1)

(一)　旧民法

現行民法三〇四条は、イタリア旧民法（一八六五年）一九五一条を範とし、ボアソナード草案一六三八条、旧民法債権担保編一三三条を経由して制定されたものである。

ボアソナード草案一六三八条は次のように規定していた。即ち、

「若シ先取特権ノ負担アル物カ第三者ノ方ニテ滅失シ又ハ毀損シ第三者カ此カ為メ債務者ニ賠償ヲ負担シタルトキハ先取特権アル債権者ハ他ノ債権者ニ先タチ右ノ賠償ニ於ケル債務者ノ権利ヲ行フコヲ得但其先取特権アル債権者ハ弁済前ニ適正ノ方式ニ従ヒ弁済ニ付キ異議ヲ述フルコヲ要ス　第二項　先取特権ニ属シタル物ノ売却又ハ賃貸アル集合及ヒ其物ニ関スル法律上又ハ合意上ノ権利ノ行用ノ為メ債務者ニ金額又ハ有価物ヲ弁済ス可キ総テノ場合ニ於テモ亦同シ但災害ノ場合ニ於テ保険者ノ負担スル賠償ニ関シ第千三百三十九条ニ記載シタルモノヲ妨ケス」

そしてその立法理由としてボアソナードは

「広キ適用ヲ以テ本条ニ指示シタル原則ハ仏国法典ニ欠クル所ニシテ伊太利法典ヨリ取用シタルモノナリ、右ニ関シテハ先取特権ノ拡張アリトスルヲ得ス只物上代位ノ一種ニ因リ顕ニ旧価額ニテ代表スル新価額ヘノ移転ニ依ル其先取特権ノ保存アルノミ、物ヲ代表スル価額ヘ先取特権ノ移転ハ他ノ債権者ヲ害セス何トナレハ既ニ物自ラニシテ最早其質物タラサル上ハ他ノ債権ハ其価額ニ付キ心算スルヲ得ヘカラサレハナリ只爰ニ説ク所ノ代位ニ対シテ保護ス可キ者ハ此価額ノ債務者ニシテ其債務者ヲシテ弁済ヲ誤ルノ危険ニ陥ル可カラス故ニ法律ハ債務者カ先取特権付債権者ノ方ヨリノ故障ニ告知セラル可キヲ要メ以テ之ヲ予防シタリ。第二項ニハ先取特権ヲ負担シタル物ノ売却代価ニ於ケル物上代位ヲ適用ス此条例ハ先ツ之ヲ動産ノ売買ニ適用ス何トナレハ動産ハ先取特権付債権者ノ方ニ於テ追及権ヲ受ケサレハナリ尚ホ不動産ニ於テ追及権カ法律ニ従ヒテ保存セラレ又ハ行用セラレサルトキ不動産ノ売買ニ之ヲ適用スルヲ得ヘシ、右ノ条例ハ公益ノ為メニスル所有権徴収ノ場合ニ之ヲ適用ス此場合ニ於テハ追及権アラサルカ故ニ優先権ハ政府ノ負担スル賠償ニ存セサルベカラザルヲ以テナリ所有権徴収ニ関スル仏国法律ニハ此意義ニ於ケル明確ナル条例アリ（千八百四十一年五月三十一日ノ仏法律第十七条及ヒ第十九条）。[2]」

草案に於ては、ボアソナードは、第三債務者が二重弁済の危険を防止するため、弁済前の適正な方式に依る異議を代位権者に要求していたことが判明する。

次に、旧民法債権担保編一三三条では以下のように修正がなされた。即ち、「先取特権ノ負担アル物カ第三者ノ方ニテ滅失シ又ハ毀損シ第三者此カ為メ債務者ニ賠償ヲ負担シタルトキハ先取特権アル債権者ハ他ノ債権者ニ先タチ此賠償ニ於ケル債務者ノ権利ヲ行フコトヲ得但其先取特権アル債権者ハ弁済前ニ合式ニ払渡差押ヲ為スコトヲ要ス」第二項「先取特権ノ負担アル物ヲ売却シ又ハ賃貸シタル場合及ヒ其物ニ関シ権利ノ行使ノ為メ債務者ニ金額又ハ有価物ヲ弁済ス可キ総テノ場合ニ於テモ亦同シ」

この立法理由は次のとおりである。やや長いが全訳を紹介する。

「立法者カ本條ニ設ケタル原則ハ決シテ先取特権ヲ拡張シタルモノニ非スシテ唯ゝ或ル場合ニ於ケル其保存ノ方法ヲ規定スルニ止マルモノナリ即チ従来先取特権ノ目的タリシ物件ヲ代表スル新タナル価額ニ先取特権ヲ移転セシメ殆ント一種ノ物上代位成立シタル如キ場合是レナリ、従来一個ノ物件ヲ目的トシタル先取特権ヲ其物件ノ代表タル価額ニ移転セシムルコトハ他ノ債権者ニ対シテ何等ノ損害ヲ生セシムルモノニ非ラス何トナレハ此債権者等ハ其物件カ元来先取特権ノ目的ナルカ故ニ共同ノ担保ト看做サゝルヲ以テ其物件ヲ代表スル価額ニ至ッテモ未タ嘗テ其担保トシテ記スル所ノモノニ非サレハナリ此物上代位ニ対シ特ニ法律ノ保護ヲ受クヘキモノハ物件ヲ代表スル価額ノ債務ナリトス何トナレハ若シ此保護ナキトキハ債務者ハ過ッテ弁済ヲ為シ是カ為ニ再ヒ価額ノ弁済ヲ為スコト必要ナルニ至ルノ恐レアレハナリ此故ニ先取特権ヲ有スル債権者ハ此価額ノ債務者ニ対シ債務弁済ノ故障ヲ為シテ以テ予メ告知スルコトヲ要スルモノトス若シ告知ナキトキハ債務者ハ自由ニ其弁済ヲ為スコトヲ得ヘキモノトス

本条第二項ノ規定ハ先取特権ノ目的タル物ノ売買ノ代価ニ物上代位ノ理論ヲ適用セリ此規定ハ第一ニ動産物ノ売買ニ適用スルコトヲ得ヘシ何トナレバ動産物ハ先取特権ヲ有スル債権者カ追求ノ権利ヲ有シ得ヘキ所ノモノニ非スシテ若シ他人ニ譲渡サレタルトキハ動産物自体ニ就イテ権利ヲ行フコト能ハサレハナリ又不動産物ヲ目的トスル先取特権ノ場合ニ於テモ若シ債権者カ法律ノ規定ニ従ヒ追求ノ権利ヲ保存スルコトナリ若クハ行使スルコトナカリシトキハ尚此物上代位ノ原則ヲ適用スルコトヲ得ヘシ、此規定ハ公益ニ基ツク徴収ノ場合ニ於テモ亦適用スルコトヲ得ヘシ徴収ノ場合ニ於テハ追求ノ権利存在セサルカ故ニ優先ノ権利ハ政府ヨリ弁済スヘキ正金ノ上ニ移転スルモノナリ火災ニ対シ保険ノ契約ヲ為シタル場合ニ於テ保険人ヨリ払フヘキ正金ニ関シテモ尚同一ノ規定ヲ適用スヘキコト勿論ナリ」(3)

以上から旧民法一三三条の立法理由は一項についてはほとんど変わることなくボアソナード草案をそのまま受け継いでいることがわかる。従って草案一六三八条の「異議」が弁済前の合式の

「払渡差押」となっている点には解釈上には相異はないとみてよい。

(二)　現行民法

法典調査会では、現行民法三〇四条とほとんど差異のない法案について穂積陳重氏が次のような説明を行なっている。

「本条ハ担保編第百三十三条ノ文字ニ修正ヲ加ヘマシタ丈ケノコトデアリマシテ実質ニ於テハ帰スル所違ハヌ積リデアリマス本条第二項ニ『目的物ノ上ニ設定シタル物権ノ対価』云々トシマシタノハ是レハ既ニ議決ニナリマシタ所ノ地上権又ハ小作権ノ如キモノ迄モ矢張リ之ニ対シマシテ対価ヲ払ヒマス場合ハ矢張リ這入リマス其他物権設定ニ対スル対価ガアリマス時ハ総テ此処ニ這入ル積リデ斯ウ云フ工合ニ書キマシタ」(4)

もし穂積発言の通りだとすると、現行民法の立法者もボアソナード氏と同様、差押の意義は、第三債務者がその弁済を誤まらぬ為の通知であると解していたと考えることができる。

ところが同じく立法者の梅博士は若干異なる説明をしている。即ち、

「此規定タル一見理由ナキカ如シト雖モ細ニ之ヲ観察スレハ其至当ナルヲ知ルヘシ蓋シ債務

者カ先取特権ノ目的物ヲ売却シタル場合ニ於テハ其代金ハ其物ヲ代表スルモノト云フモ可ナリ然ルニ先取特権ナルモノハ素ト物ノ代価ニ付テ之ヲ行フモノナルカ故ニ其売買ノ代金ノ上ニ之ヲ行フハ極メテ当然ナルノミナラス動産ノ上ニ存スル先取特権ノ如キハ已ニ引渡シタル物ノ上ニ之ヲ行フコトヲ得サルカ故ニ（三三三）若シ其代金ノ上ニ之ヲ行フコトヲ得スンハ竟ニ有名無実ニ帰センノミ」、「本条ニ定メタル各種ノ場合ニ於テ先取特権カ其目的物ニ代ハルヘキ債権ノ上ニ存スルモノトスルハ固ヨリ至当ナリト雖モ是レ元来便宜法ニシテ特ニ先取特権者ヲ保護センカ為メニ設ケタル規定ナリ故ニ是ニ因リテ大ニ他ノ債権者ノ利益ヲ害スルコトアラハ本条ノ規定ハ不公平ナリト謂ハサルコトヲ得サルヘシ而シテ若シ一旦債務者カ債権ノ目的物タル金銭其他ノ物ヲ受取リタル後尚ホ先取特権者ハ其上ニ先取特権ヲ行フコトヲ得ルモノトセハ他ノ債権者ハ何ニ由リテ其金銭其他ノ物カ先取特権ノ目的タルヲ知ルコトヲ得ンヤ故ニ動モスレハ意外ノ損失ヲ被ムルコトナシトセス是レ本条ニ於テ特ニ先取特権者ハ右ノ金銭其他ノ物ノ払渡又ハ引渡前ニ差押ノ手続ヲ為スコトヲ要スルモノトシタル所以ナリ（民訴五九四以下）。」(5)

ここに於ては梅博士はボアソナードの立場に依らず、債務者が一旦弁済を受領した後、更に先取特権を行使する際の他の債務者の損害の防止に関心を置かれている。

次に同じく立法者の一人であった富井説に於ては以下のような解釈が呈示されている。即ち、

制度論として

「抑々此制度ヲ設ケラレタル趣旨ハ畢竟他ノ債権者ニ不測ノ損害ヲ生セサル範囲内ニ於テ担保権ノ目的物ニシテ他ノ債権者ノ共同担保ト為リタルコトナキ以上ハ其代表物ニ付キ弁済ヲ受クルコトモ亦各自ノ予期セサリシ所ナリトス故ニ担保権者ヲシテ其物ニ付キ優先権ヲ行フコトヲ得セシムルハ最モ公平ニシテ其当ヲ得タルモノト謂フヘシ(6)」「厳格ニ言ヘハ担保權ハ寧ロ其給付ヲ受クル債権ノ上ニ行ハルルモノト見ルヲ正当トス是其払渡又ハ引渡前ニ差押ヲ為スコトヲ必要上シ一旦其代表物カ債務者ニ交付セラレタル後ハ最早担保権ヲ行フコトヲ得サルモノト為シタルニ徴シテ明ナリトス(7)」「物上代位ノ場合ニ於ケル担保權ノ目的物ハ代表物其物ヨリモ寧ロ之ヲ給付セシムル債権ナルコトヲ知ルヘシ蓋代表物ニシテ一旦債務者ニ交付セラレ他ノ財産ト混合シタル後ニ在リテハ他ノ債権者ハ其物カ果シテ担保権ノ目的物タルコトヲ知ルニ由ナキカ故ニ担保権ノ行使ハ之ヲシテ意外ノ損害ヲ被ラシムルニ至ルヘケレハナリ(8)」、「故ニ又此ニ所謂差押トハ債権差押ノ手続ヲ謂フモノトス即チ担保権者ハ第三債務者ニ対シテ其給付スヘキ金銭其他ノ物ノ払渡又ハ引渡ヲ差止メ以テ其物ニ付キ弁済ヲ受クル權利ヲ保全セントスルモノナリ、債権差押ノ手続ハ民事訴訟法第五百九十四条以下ノ規定ニ依ルヘキモノトス(9)」

富井氏に依れば、差押の意義は債権の保全のためであり、また債務者に交付せられた代表物が他の財産と混合して、他の債権者から見て不明瞭となり、不測の損害を与えないためであるという。

このように、現行民法制定に当たっては、立法者の間にも穂積説と他の梅説、富井説とに見解の対立があり、これは表面化し、決着がつかないまま立法化されたものであるといえる。

三　学説の状況

(一)　従来の学説

続く、明治期以降の学説の系譜は以下の如くである。まず、立法者と近い地位にあった岡松説では、三〇四条の立法理由として、「本條ハ所謂先取特權ノ物上代位ニ付テノ規定ナリ蓋シ先取特權ハ普通ノ原則ニ反シ特ニ或債權者ヲ保護スルモノナルヲ以テ之ヲ通用スルハ極メテ嚴密ナルコトヲ要スト雖トモ已ニ之ヲ與ヘタル已上ハ其効力ヲシテ充分ナラシメサルヘカラサルハ勿論タリ而シテ其効力ヲシテ充分ナラシムルニハ先取特權ノ目的物カ變體シタルトキ其變體シタル物ニ對シテ先取特權ノ効力ヲ及ホサシムルコト最モ必要ナリ然ラスンハ先取特權アルモ其効果頗ル薄弱タルヲ免カレス是レ本條ノ規定アル所以ナリ」[10]とされ、また先取特権に物上代位が認められるのは、「目的物ノ価値ノ變體シタルモノ又ハ其一部ナレハ先取特權カ之レニ追及スルハ當然ノコトナリ」とされる。また民法三〇四条一項但書の意味については、「債權カ債務者ニ辨濟セラルヽトキハ即チ債權消滅シ先取特權モ失フモノトス」「先取特權ヲ行使スルコトヲ得ルハ債權カ辯濟セラレサル前（即チ債權ノ存在中ニ限ル）ナルコトヲ必要トス（是レ本法カ但書ヲ以テ其相渡又ハ其引渡前ニ差押ヲ爲スコトヲ要スト定メタル所以ナリ）。」[11]とされる。

次に横田説では、「民法カ物上代位ノ原則ヲ先取特權ニ適用シタルハ先取特權ノ効力ヲ鞏固ナラシムルカ爲メニシテ斯クセサルニ於テハ先取特權者ハ容易ニ其權利ヲ失ヒ其權利ハ頗ル薄弱トナルノ虞アルヲ以テナリ」[12]、「先取特權本来ノ目的タル物カ既ニ他ノ債權者ノ共同擔保タラサル以上ハ其代表物ニ付キ辨濟ヲ受クルコトハ他ノ債權者ノ毫モ豫期セサル所ナルヲ以テ先取特權者ヲシテ其代表物ニ付キ優先權ヲ行ハシムルモ之カ爲メ他ノ債權者ヲシテ不測ノ損害ヲ被ラシムルモノニアラサルヲ以テナリ」[13]とされる。ここでは、物上代位を先取特権行使の強化のためであるとし、またこう解しても、他の債権者の予測に反さず、利益を害しない、とされている。

次に川名説では、質権については、「其債權ニ付キテ質權ト同順位ノ權利質權カ法律ノ規定ニ因リテ成立スルモノトス」[14]、また払渡、引渡の場合の追及効の制限については「此条件ナシトスレハ第三者ハ質權ノ存在ヲ知ルノ道ナキカ故ニ不測ノ損害ヲ受クル虞アルカ故ナリ(15)」とされ、「此處ニ所謂差押ハ假差押ヲモ包含スルモノ(16)」とされる。

　また曄道説は、同様に「民法第三〇四条但書ハ代表物ノ第三取得者ノ保護ニ関スル規定ナリ(17)」「換言スレバ代表物上ニ優先權カ行ハルルコトヲ公示セシムルノ目的ヲ有スルモノナリ(18)」とされ、「同条（三〇四条）ハ法定債權質ニ関スル規定ナリ(19)」、即ち「代位物タル債權ノ上ニ法律ノ規定ニ因リ優先權者カ有シタル優先權ト同順位ノ債權質カ成立スルナリ(20)」として法定質権説を採られる。そしてこの場合には、「此ノ差押ハ成立シタル法定債權質ノ存在ヲ債務者及第三債務者其他ノ第三者ニ公示スル方法(21)」であり、「換言スレハ指名債權ノ質入ニハ證書ノ引渡及質權設定ノ通知又ハ承諾ヲ以テ質權存在ノ公示方法ト爲シ（民法第三百六十三條第三百六十四條）、以テ質權ノ存在ヲ知ラシムルカ如ク法律ハ民法第三百四條ノ場合ニ擔保權者ノ利益ヲ尊重シテ法定質權ヲ成立セシムルト同時ニ其成立ヲ債務者及第三者ニ知ラシムルカ爲メニ特ニ法定質權者カ質權ノ物体タル債權ノ差押ヲ爲スコトヲ要スルト定メタルモノナリト解スルヲ妥當ナリト爲ササルヲ得ス、而シテ其差押ハ債權質設定ノ通知又ハ承諾ノ如ク質權ノ存在ヲ単ニ第三者ニ對抗スル條件タルニアラス、債務者ニ對シテ質權ノ存在ヲ主張スルニモ此ノ差押アルコトヲ要スルカ故ニ（第三百四條但書）、對抗條件ニアラスシテ効力保存ノ條件ナリト謂ハサルヘカラス(22)」とされる。そして「其手続ニ関シテハ別ニ特別規定ナキカ故ニ民事訴訟法第五百九十四條以下ヲ準用スルノ外ナシ」[23]、しかしながら「其準用範囲ハ差押手続ニ関スル規定ノミニシテ同法第六百條ノ取立命令又ハ転付命令ニ関スル規定ノ如キハ當然之ヲ準用スルコト能ハサルモノトス」[24]、そして「差押ヲ以テ法定質權ノ効カヲ保存シタル後ハ其実行ハ民法第三百六十七條第三百六十八條ノ定ムル債權質実行ノ方法ニ従」[25]い、また「主タル債權ノ弁済期カ到来スレハ効力保存ノ差押ニ基キ民事訴訟法第六百條第六百十三條ノ準用ヲ受クルコトヲ得ルモノトス」[26]また差押は「法定質權者自カラ」[27]為すことを要するとされる。

次に鳩山説は、「担保物権は物の経済価格を目的とするものであるから、物が滅失してもその経済価格が残存するときは担保物権は寧ろ存続すべきが本則である。物上代位の原則は担保物権の此の性質に基いた当然の規定であるから、その要件としては唯担保の目的物に代るべき価格が尚独立して即ち債務者の他の財産と混合せられずして存在することのみを必要とすべきである。[28]」また従来判例が「補償金ノ差押ハ其特定性ノ保全ト其消滅ノ防止トヲ目的トスルモノ」なりとし、従って優先権者自ら之を為すを要せずとしたのは、担保物権の性質及び物上代位権の理論に適したものであるとされる[29]。そして第三〇四条に差押を必要としたのは、公示方法として之を必要としたものではないとされる[30]。

これに対して末川説では、「技渡《ママ》又ハ引渡前ニ差押ヲ為スコトヲ要ス」とされる意義は、一面では、債務者が金銭其の他の物の交付を受けたる後其の金銭其の他の物に対し尚抵当権を追随せしむるが如きは債務者固有の財産との間に混雑を生じ、徒に権利関係を紛糾せしむる虞あれば抵当権の存在は債務者が金銭其の他の物の交付を受ける前に於てのみ之を認むるを至当なりとするが為めであり、更に他面では債権には登記のような公示方法なきより第三者を保護するの方法として不動産に代位することを明確にし抵当権を第三者に対し保全するの要件とする趣旨であるとされ[31]、たとえ債権自体は存続していてもそれが差押えられる以前に第三者に譲渡されたならば、抵当権はもはや之に追及することを得ないものと解すべきであろう、とされる[32]。また鳩山説とは逆に、担保物権者が差押をするというところに公示方法が認められている、と指摘されている[33]。

石田説は、物上代位に関する法規は、担保権法上当然認められるべき原則的規定であるのか又担保権者を保護するがために法律が特に認めた例外的規定であるのかについて、担保権が物権であることを貫く場合にはこれを特則であるとし[34]、とりわけ動産先取特権と質権及び抵当権とを分け、後者は売却、賃貸の場合には物上代位の規定は不要であり、滅失・毀損の場合にのみ、その保護を為せば足りるとされ、売却、賃貸借の場合に物上代位を認める必要があるのは動産の先取特権のみであるとされる[35]。他方、担保権の本質は目的物の有する交換価値の取得を目的とする価値権であると為す場合、本来の担保権は同一性を保ちつつ其変形物の上に及ぶことはむしろ当然の事理であるとされ、後者を採られる[36]。

我妻説は、物上代位の本質および差押の意義の解釈は鳩山説と同旨であり、抵当権者が必ず差押をしなければならないことはないとされる[37]。

星野説は、差押の意義については「金銭においては、払渡・引渡がされて債務者の他の財産に混入してしまった後には、これが先取特権の目的であることが外からはわからなくなるので、これを債務者の一般財産であると信じて信用を与えた債権者が不測の損害を蒙る恐れがあるから、と解する学説が多いが、優先権の保全を第三者に対抗するためと解するものもある[38]」とされいずれの立場かは判然としない。

以上を総括すれば、まず末川説のように差押を第三者に対する公示方法とみていた説もあるが、所説はいずれも今日言われている特定性の保全とは関係のない対外的効力についての議論であること、またその意義は、物上代位の本質とは別個に考えうる異なったものである、といえる。

また、自ら差押えるべきかについては、原理的な理論による論拠は見出し得ず、対立のままである。しかし、物上代位の本質については一応明らかとなっており、これが差押との関係で如何なる位置付けが為されるかが問題である。

(二) 学説の現況

現在のところ、学説は、三〇四条一項但書の「差押」の解釈について、一つの観点から統一的に分類することは困難である。そこでまず、分類の方法について次の三つの例を呈示しておきたい。

第一に、東孝行＝仲家暢彦説(39)では、物上代位の性質、「差押」の主体、「差押」の意味及び機能、「払渡前」の概念の範囲から分類されている。

第二に新田説(40)では、まず差押の機能から七つの見解に分け、更に、「差押」の主体（担保権者自身による差押を必要とするか否か）、差押・転付命令を受けた他の債権者との関係、債権の譲受人との関係、物上代位と質権の優劣の問題という観点からの分類が試みられている。

第三に、生態説(41)では、差押の意味、差押、転付命令を受けた他の債権者との関係等により分類されている（生態説では以下の七つに分類・整理される。特定性維持説、特定性維持・債権移転除外説、物上代位権公示不要・実行手続説、代位目的物保存・物上代位権保全説、特定性維持・物上代位権公示保全説、第三債務者保護＝保全的差押説、差押え機能直視説（代位目的物保存説））。

以上のように分類方法が分かれる理由は、差押えを、公示ないし、第三者に対する対抗要件として位置づけるか、あるいは、特定の手段とみるか、という点にある（この原因は、実体法と手続法との二面的取扱いを許容する点にあると思われる）。物上代位制度が特定物から優先弁済を得る制度である点から後者を重視すべきであるが、前者は追及効との関連で導かれるべき議論であり、結局は、第三債務者が、弁済を誤る危険に陥ることがないよう保護するための告知と解するか、あるいは他の債権者を保護すべきか、という点の利益衡量に帰着するものと思われる。ボアソナードによれば結論は前者であり、なぜなら、「現に物自らにして最早其質物たらざる上は他の債権は其価額に付き心算するを得べからざる」からである、とされる[42]。ここでは、債権譲渡での債務者に対する通知と同様、第三債務者の免責についての規定であると解されていたと思われる。

なお、以上の三つの分類とは異なった分類に、今中説[43]がある。今中説では、まず、物上代位の本質に関する学説（価値権説と特権説）、差押の目的に関する学説（特定性の保全か、優先権の保全か）、代位物の譲渡・転付命令ありたる場合についての学説（物上代位を為し得るか否か）、差押をなすべき者に関する学説（自らの差押を要するか否か）、の四つの争点を呈示され、これらの学説のありうべき組合せとして次の四つの説を挙げられる。即ち、（Ⅰ）物上代位は担保物権より当然に認められるものであり、差押は代位物の特定性確保のためのみであり、物上代位権者みずからの差押を必要とせず、代位物の譲渡・転付命令あるも代位権行使は可能である。（Ⅱ）物上代位は担保物権者保護のために特に認めたものであり、差押は代位物の特定性と優先権保全のために必要であり、物上代位権者みずからの差押を必要とし、代位物の譲渡・転付命令があればもはや物上代位権の行使はできない。（Ⅲ）（Ⅰ）の立場にたち、代位物の譲渡・転付命令があれば物上代位権の行使はできないものとする。（Ⅳ）（Ⅰ）の立場に立ち、公示方法の完備した抵当権・不動産の先取特権等の場合にのみ代位物の譲渡・転付命令があっても物上代位権行使を認め、動産売買の先取特権等公示方法が完備しないものについては、その譲渡・転付命令前の物上代位権者自らの差押を要するものとする。

以上のように、問題の考察にあたり、様々な視点・見解が交錯しているが、それがいかなる方向性の違いに基づくかは疑問であり、むしろ論点自体は明確となっているので、本稿では分類の視点にとらわれることなく、他の論文と共に個々の問題提起にそって以下に紹介していきたい。

(a) 東＝仲家説(44) この論稿では、下級審裁判例と民法三〇四条一項の沿革を論じられ、学説もまとめて私見を展開されている。そしてまた学説を横断的に類型化して次のようにまとめられている。

(イ) 第三債務者保護説（ボアソナード）

(ロ) 第三者保護説

① 対抗要件中、差押えの場合（質権設定の場合を含む）にも対抗しえないとする説（末川、香川）

② 対抗要件中、差押えの場合には対抗しうるが、譲渡又はこれに準ずる場合には対抗しえないとする説（横田、三瀦、吉野）

③ その他の説（梅、富井、松波ら、中嶋、法曹会決議）

(ハ) 法定質権説（川名、曄道、田嶋、近藤）

(ニ) 特定説

① 譲渡の場合追及効を認める説（鳩山、吾妻、我妻、柚木、勝本、川井）

② その他の説（岡松、雉本、小林、石田）

またこれらの前説を各項目ごとに分類すれば以下の通りである。

(1) 物上代位の性質という項目からみれば、物上代位を価値権たる担保権の当然の効果として原則的なものと理解するものとして、特定説があり、これを例外的に特別の理由から承認したものとするものとして第三者保護説がある。さらに、これを法定の債権質権とするものとして法定質権説がある。第三債務者保護説は物上代位を担保物権の拡張とみず、その保存とみる限りで、担保物権の当然の効果とみているというべきであろうか、とされる。

(2)　次に、差押えの主体という点からみると、物上代位権者に限るものとして、第三債務者保護説、第三者保護説及び法定質権説があり、これに限らず第三者でもよいとするものとして特定説がある。

(3)　さらに「差押」の意味、機能という点からみると、第三債務者に対する告知とみる説として第三債務者保護説があり、債務者の債権者に対する公示とするものに第三者保護説があり、その趣旨を発展させて質権の効力発生要件とするものとして法定質権説がある。被差押債権を特定するものとして特定説がある。

(4)　最後に、民法三〇四条一項但書の法文に立ち返って「払渡前」という概念の範囲いかんという点からみるとき、「払渡」を弁済に限る説として第三債務者保護説、特定説があり、これを弁済の外、債権譲渡及びこれに準ずるものに及ぶ（破産宣告に権利の「移付」の効果を認めるこれも含む）とする説として第三者保護説中の前記分類による②の説、払渡を弁済、債権譲渡の外、差押えも含むとする説として第三者保護説中前記分類による①の説がある。なお、「差押」を効力発生要件と解する法定質権説も当然の論理としてこの最後の説の範疇に属するものと思われるが、実際には論者によって違いがある、とされる。

さらに私見として、民法三〇四条の「差押」の趣旨を第三者保護のための公示方法とみて、対抗要件としての構成をとり、同条の「払渡」の意味を弁済の外、譲渡、転付及びこれに準ずるものを含む、とされまた、破産宣告も含むとされる。他の債権者からの差押えについては疑問もあるが、対抗要件の解釈論を前提とするとき、これをも含む、と解される。このような私見の理由としては次のような理解を呈示される。

まず、「前記のとおり、民法三〇四条は旧民法及び現行民法の立法段階の経緯の中で「異議」が「差押」に修正されながら、その修正の合理的理由が発見しえない[45]」、また、「模範とした法制がイタリヤ及びフランス法系からドイツ法系へ変わるなどの混乱が見られ、すでに立法段階から一義的解釈を困難ならしめる事情が存した[46]」。したがって、「同条の解釈論を試みるに際しては、立法事情を参考としながらも、かなりこれと離れて、同条の法文の用語的解釈、具体的妥当性の検討ないし利益衡量を試み、さらに既存の民法の一般的理論を参考として法の目的に合する解釈をはかるべく努力しなければならない[47]」とされる。

そして、次に、民法三〇四条一項但書所定の「払渡又ハ引渡前」という意味を確定しなければならないとされる。日常用語としてみるとき、「払渡」は第三債務者の金銭債務の弁済を意味し、「引渡」は、第三債務者の物の引渡債務の履行を意味する。ところで、これらを法現象としてとらえて考えると、債権消滅を意味するので、絶対的債権消滅のみならず、相対的債権消滅である譲渡、転付等他人への債権の移転も含まれると解する余地がある。しかし、債務者の他の債権者がなす差押えはこれだけの説明によってこれに含ませることはできない。また破産宣告の効果として破産者に属する破産財団所属財産に対する権利のうち管理処分権は、管財人に移転するが、その主体たる地位はなお破産者に残っているので、破産者の移転が相対的にも消滅したとはいえない。したがって、他の債権者の差押え及び破産宣告は、これをただちに民法三〇四条の「払渡又ハ引渡」に含めて解することは用語法としては困難である。これに関しては具体的妥当性ないし利益衡量及び同条を超えた民法理論による理由づけしか考えられない、とされる。

そして、利益衡量論では、各主体の利害関係として、「物上代位権者である債権者は、担保権を有し、その延長として担保目的物の代償物に対する支配を容易にする点に利害関係を有する。債務者は第三債務者から弁済を受け、又は、自己の欲する第三者に対し、債権を譲渡する等の点に関心をもつであろう。第三債務者は二重弁済の危険を回避し、債権者と債務者との無用な争いにまき込まれない点に利害関係を有する。他の債権者は債務者の第三債務者に対して有する右債権を自己の債権の弁済の引き当てとする点に利益をもつ。そして破産宣告があれば、破産債権者は破産管財人を通じて破産者の破産財団所属の財産を管理処分して配当を受ける点に利益を有する。その財団の中に右債権も含まれており、破産管財人はその取り立てに努力すべき職責を担っている」[48]。このような利害関係から利益衡量をすれば、「物上代位権者である債権者は払渡又は引渡前に「差押」をするという権利行使の要件によって、その限度で前記の代償物への支配を制限される。差押えの主体は後述の別の点から限定される。債務者は右の差押えによって弁済の受領又は他への債権譲渡が禁じられる。さらに第三債務者は右差押えによって弁済の相手方を破産しうる。そのためには、権利者自らの差押えでなければならない。ところで、右の差押えの当事者とならない他の債権者は右差押えの公示力が不動産の登記と比すべくもなく弱いので、右差押えを予め知る機会は殆んどない。ただし、自ら差押えたとき、物上代位権者の差押えが存することが信頼しうる公文書によって明確にされる点で右差押えの意味がある。ここでも差押えの主体は物上代位権者自らがなすべきこととなる。このことは、指名債権譲渡の対抗要件の場合（民法四六七条）と同様の関係となり、他の債権者はこの程度で満足すべきであろう[49]。」とされる。

このように、東＝仲家説では、差押を対抗要件として、債権譲渡といわば同様の解釈を採られる。しかし所説にも問題がないわけではなく、公示方法を備える抵当権とこれを有しない動産先取特権を区別しないでよいか、他の債権者の差押えが先行する場合、物上代位権者は右差押債権者に対抗しえなくなるが、この譲歩を強いるのは酷に過ぎないか、とされる。

(b)　今中説[50]は、大正一二年四月七日（民集二巻五号二〇九頁）の連合部判決を境として前記（Ⅰ）

の立場から（Ⅱ）の立場に移行し、ほぼ一貫して今日に至っているが、学説は逆に（Ⅱ）の立場から（Ⅰ）の立場にたって連合部判決を批判し、その批判批評を通して理論が深化してきた、とされる。

そして物上代位の本質に関する立場の相違は価値判断の相違に由来するものであって、いずれの立場でなければならない論理的必然性はない[51]、とされる。しかしながら「担保物権制度は担保物の価値を担保権者が他の債権者に優先して把握することを目的とする制度であること、担保物に売却滅失等が生じたことのみを理由として担保権者が把握していた価値を喪失し、他の劣後債権者が当該物件の転化した価値を取得しうるとすることは、担保権者の責に帰すべき事由がまったくないにかかわらず、担保権者の損失によって他の一般債権者に利益を与えることになること、一般債権者の行なう仮差押・差押・転付命令・債務者による債権譲渡等は、債務者側に倒産・火災等の異常事態が生ずるか、債務者に債務不履行が生ずるか等、債務者側に責に帰すべき事由が存する場合がほとんどであり、また差押・転付債権者・債権譲受人ら側では、当然に担保権者による物上代位権行使が予測しうること等を合わせ考察すると[52]」、「価値権説が妥当である[53]」、とされる。

また、差押の目的に関する立場の相違については、物上代位権者がみずから差押を要するか否かの問題とも関連するとされ、「代位物がすでに払渡・引渡されて消滅したか否かは一般には不明なことがほとんどであり、代位権を行使すべき物上代位権者の存在は当然予想しうるところであり、債務者の一般財産との混合がないかぎり、物上代位権者が後に差押をなせば之に優先権を与えたとしても、一般債権者の保護に欠けるところはない(54)」とされる。

そして、物上代位権者の差押の前に代位物が譲渡、差押・転付された場合の立場の相違は、代位物の権利者が物上代位権者の差押前に変更することが、代位物の払渡、引渡と同一であると考えるか否かにある、とされる。そして、「代位物の譲渡・転付による移転を、代位物の譲受人・転付債権者に対する弁済による完全消滅と同一視しなければならないものではなく、かえって代位物の譲渡・転付を物上代位権者の仮差押・差押が当該債権の弁済により完全に消滅する以前になされることを解除条件とする当該代位物の移転と解することが、明文の規定にも合致し、物上代位権の存在を予知しうる一般債権者を保護する必要がないことからも妥当と考える。かく解すると、物上代位権者の存在をまったく予知しなかった善意・無過失の譲受人・転付債権者の場合は、例外的に当該代位物の移転を無条件に認めなければならない結論となろう。しかし、善意・無過失をもちこむと法律関係を複雑化し混乱させることとなり、物上代位制度を画一化するため物上代位権行使を当然予想すべきものとみて、善意・無過失等の主観的要素を考慮せず、すべて解除条件付移転と解すべきものと考える」[55]とされる。

(c)　新田論文[56]は、学説及び判例の詳細な紹介をされ、私見を述べることなく、学説の分布をまとめている。それによれば、民法三〇四条およびこの系列に属する特別法上の物上代位について、まず、差押の機能については①代位物の特定性の維持に求め、物上代位の権利の公示は登記で足りるとする学説（現在においても多数説を形成している）、②特定性の維持と第三者保護に求め、保護される第三者の範囲には、債権の譲受人、転付債権者を含め、差押命令を受けたにすぎない債権者を含めないとする説、③登記、通知・承諾と同じく、第三者に対する対抗要件と解する説、④法定債権質権の対抗要件と解する説、⑤特定性の維持に求める場合と第三者に対する対抗要件と解する場合を分けて処理する見解、⑥差押を要する場合と要しない場合とに分け、前者の場合については、ⓐ差押に本来の効果を与える説、ⓑ対抗要件と解する説、⑦第三債務者の保護に求める学説としてボアソナードの見解がある、[57]とされる。さらに具体的な論点として、第一に、差押の主体、つまり、担保権者自身による差押を必要とするかという点から、まず、他の債権者が関与しない場合について、鈴木（禄）説および愼説は一定の場合（法定債権質権と構成する場合）には、差押不要とするが、その他の説は差押を要求する。つぎに、他の債権者が差押命令を得たにすぎない場合には、多数説は担保権者に物上代位権の行使を認めるが、それはさらに、担保権者自身の差押を要件とする説、配当要求を認めることで足りるとする説、差押不要とする説に分かれる。これに対して、差押を登記、債権譲渡における通知・承諾と同じ対抗要件と解して物上代位の行使を否定する見解も存在する。

第二に、差押・転付命令を受けた他の債権者との関係という観点からは、次のように分けている。①担保権者は差押を必要とせず、物上代位権を行使しうるとする説、②差押を条件として物上代位権の行使を肯定する説、③差押・転付命令前に担保権者による差押を要件として代位権の行使を認める説があり、この説は、さらに、ⓐ転付命令を民法三〇四条一項但書所定の「払渡」に含める見解、ⓑ転付命令があればもはや債権は債務者に帰属するものではないので、差押が不可能であるということを理由とする説、およびⓒ差押を対抗要件と解する説およびⓑとⓒを理由とする説に分けられる、とされる。

第三に、債権の譲受人との関係という観点から、①債権譲渡前に差し押さえていなくとも弁済前ならば差押を条件として物上代位権の行使を肯定する説、②譲渡前の差押を要件とする説（その理由づけは、前記第二で述べた③説ⓐ、ⓑ、ⓒ、に分かれる）がある。

第四に、物上代位権と質権の優劣の問題という観点からは、抵当権の登記の時と質権の対抗要件を具備した時の先後で処理する学説があり、これは、差押に特定性の維持という機能を認める説に多い。つぎに、差押に対抗要件の機能を認める学説は債権譲渡と同じ処理をする。その他、保険金債権の特殊性を考慮して処理する説がある、とされる。

次に、第三債務者に原則として供託を義務づける特別法上の物上代位については、差押を要することなく、しかも供託される前および後に債権の譲渡等がなされても、物上代位権の行使を認めるという見解が通説であるとされ、これに対し、判例は、民法三〇四条一項但書を適用する、とされる。

(d)　次に槇説(58)は、判例の推移と学説の大要を述べられた後、物上代位の構造を述べられ、「代位の本来的な形態からみれば、それは抵当権者にとって当然の権利であり、特定性さえ維持されていれば、特別の公示を問題とする余地はない（代位物は論理上は特殊な範囲と態様ながら抵当権者に給付されるべきものである）。したがって、その法的構成も抵当権とは別個のものとして、しかも抵当権者が差押なしに直接これを取り立てうる法定債権質として構成するのが合理的であろう(59)」、とされる。ただし「以上のことは先取特権の場合に直接妥当しない。先取特権は担保物の価値を現在において既に法的に取り戻しているとみることが無理だからである(60)」とされる。

そして、性格の異なるかぎり、別個に取り扱うべきであるとして、代位の諸類型を検討されている。

(e)　次に谷口(安)説[61]では、判例・学説を概観したのち、差押制度の沿革をボアソナードまで遡り、現行法の解釈として私見を述べておられる。

まず、差押のために債務名義が必要でないことについては意見が一致している、とされ、担保権者の被担保債権の弁済期未到来のときは仮差押（民訴七三七条）をして第三債務者に供託させ、弁済期が既に到来しているときは本差押をして第三債務者から受け取った金銭で自己の債権の満足を受ける（勝本正晃・担保物権法〈上〉四四頁、石田前掲八三頁）、あるいは仮差押の手続によるを本則とする（注釈民法八巻一〇二頁）とする民法学説は債務名義ないし仮差押命令を要しないで、手続のみ民事訴訟法の執行方法（＝民事執行法以前）による特殊な手続を解釈上認めようとするものであり、これはもはや民事訴訟法（民事執行法施行前）に定める債権執行とは全く別物である[62]、とされる。そしてボアソナードの民法草案、旧民法に言及され、問題の「差押」なる用語は、ボアソナード草案の「異議」から「故障」「払渡差留」を経由して旧民法の「払渡差押」となり、さらに数年後に現行法の「差押」となったが、旧民法の「差押」の語は民事訴訟法の債権差押の規定と歩調を合わせたらしいことが知れるのであるが、旧民法の「払渡差押」と民訴法の「差押命令」の異同がどのように理解されていたかは明らかでない[63]、とされる。このような差異が生じたのは裁判上の制度とは考えられていなかった「異議」がフランス式の債権差押手続まで高められてしまったこと、また民事訴訟法の成立とともにその「差押」のための手続としてドイツ式の債権差押しかなくなってしまったことに由来する、[64] とされる。しかし、一つの提案として「フランスでは債権差押は保全処分の性質を有し、債務名義を要せずになしうる。差押債権者の債権はその手続内で確定されこれによって転付命令類似の効果が生じる。このような債権差押を前提とするかぎり物上代位においてこれを応用しようとする立場はひとつのありうる解決として是認できよう[65]」、とされる。そしてまた妥当とされる二説と旧民法に忠実な著者自身の解釈を呈示される。

まず第一に判例がこの差押に債務名義を不要とし、また移付命令による取立てを認めているのは、民事訴訟法の準用による「任意債権差押」とでも呼ぶべき制度を解釈上創設していることになるが、そのようなやり方はおそらく旧民法の立法者の考え方に最も近いものではないか[66]、と評価される。

いま一つの有力な解釈は、「差押」のみを分離して独立の意義あるものととらえ、あとは民法三六七条を適用して抵当権者の取立てを許す見解である。これは前説に比べればボアソナード原案に近い考え方で、「差押」は換価手続の予定されない仮差押の形によっても為されうることとなろう[67]、とされる。

そしていずれの解釈が妥当かについては、債務名義不要の点を除き、現行執行法（民事執行法施行前）の枠組によりよく調和する前説の方が競合債権者の処理のためにも適切ではなかろうか、とされる。すなわち、他の一般債権者や抵当権者（下順位・上順位）による差押と競合したときには第三債務者は供託でき、また供託させることができる（民訴法六二一条——民事執行法施行前）。物上代位権者による差押手続に一般債権者も配当要求でき、逆に一般債権者の差押に物上代位権者が配当要求すればこれによって「差押」の要件を満たしたと解してよい。こうして最終的には配当手続に移り、ここで物上代位権者の優先権を尊重して分配がなされるべきである。もっとも、被担保債権の弁済期が未到来の場合は、満足まで進むのは不当であるから、とりあえず仮差押をして弁済を差止め、弁済期到来後上記の手続に移ることになろうとされる。

そして、ボアソナード草案の修正としての旧民法に忠実な解釈としては、おそらく、債務名義を要しない差押とそれに続く転付命令、あるいは他の債権者の差押に続く担保権者による二重差押と裁判上の配当手続を予定するのが適当である、[68]とされる。そして、他の債権者による転付命令は差し支えないが担保権者による差押があったときは転付命令は効力を失い取立命令と同視されて取立てのうえ配当手続が行われねばならないし、担保権者のための転付命令があれば、被担保債権の限度でこれが優先すると解すべきであるとされる。そして結局これは谷口説の理解するところの特定説であるとされる。

他方、特定説か優先権保全説かは、当然には沿革から明らかにはならないとされる。しかし、ボアソナードによれば、先取特権は「物を代表する価額」に当然に「移転」するのであり、「異議」の目的は第三債務者の保護にあり担保財産はもともと債務者（所有者）の一般財産に入っていなかったと見ているわけであるから、弁済されないかぎり追及を認める特定説がこの考えに忠実であり、担保権者保護のためにも妥当である、とされる。[69]

更に抵当権のように登記による公示がある場合はこれで当然「異議」に相当するものがあったとすることも可能で、あとは取立手続のみの問題となる。そうすると物上代位権の保全のために担保権者側から積極的な行為が必要となるのは公示のない動産先取特権の場合くらいに限られよう、とされている。[70]

(f)　また清原説[71]では、抵当権についての論稿で沿革及び比較法の検討をされ、差押は、保全的差押を意味し、従って物上代位権者自らが差押えることを要するとされる。[72]

(g)　浦野説[73]は、動産売買先取特権について、その実現手続として、民事執行法一九〇条による競売申立（この場合には執行官の任意占有取得が競売申立における債務名義となる）、および物上代位の場合の代金債権の差押命令の民事執行法一九三条による申立がなされ得るとされ、一九三条の物上代位権の行使としての債権差押命令の申立は、債権執行ではないから、法二二条に定める債務名義は要求されないが、債務名義に準ずる執行名義としての「担保権の存在を証する文書」の提出が必要である、と解説されている。また物上代位権者自らが目的債権を差押えることが必要である、とされ、その理由としては第三債務者に告知するためであるとされている。

以上から、ボアソナード以来の構成が、東＝仲家論文等により復活し、特定説か優先権保全説かといった対立は全般的に少なくなっていることが明らかとなった。さらに民事執行法の制定により、少なくとも差押の意味は用語上は解決をみており、それがフランス法体系以来の沿革に忠実であることがわかった。

四　判例の概観

大審院は最初特定説を採っていたが（大判大四・三・六民録二一輯三六三頁、大判大四・六・三〇民録二一輯一一五七頁）、当時の学説の影響を受け、優先権保全説に転じ（大連判大一二・四・七民集二巻五号二〇九頁）、今日に到っている（例えば大決昭五・九・二三民集九巻一一号九一八頁）。

まず、特定説を採った二判例のうち前者は旧鉱業法に基づく抵当不動産の収用に際し、一般債権者を補償金を差押え、転付命令を得たものであり、後者は旧土地収用法に基づいて後順位抵当権者が差押え、転付命令を得たものである。その骨子は、まず物上代位の要件である差押の目的は、専ら代位物が債務者の一般財産に混入するのを防ぎ、その特定性を維持することにあり、また、劣位の担保権者や一般債権者が差押え、転付命令を得たとしても、払渡しを受けるまでは、なお抵当権者が優先する、というものであった。

これに対し、大正一二年の連合部判決は、抵当権者の差押え前に一般債権者が保険金請求権を差押え、転付命令を得ていた事例であるが、大審院は、差押は抵当権者自ら為すことを要し、その差押えは優先権を保全するために不可欠の要件であり、目的債権に抵当権者が差押を為さない間に他の債権者が差押を為し転付命令を受けたときは、その命令に従い、送達せられることによって、差押債権者の債権は弁済されたものと看做され、債権譲渡と同様消滅するのであり、抵当権者は転付命令の効力の生ずる以前に差押を為さなければその優先権を保全しえない、と判示した。

また昭和五年の決定は、抵当権者が差押える以前に補償金請求権が第三者に譲渡された場合に、差押は特定性維持に必要であり、また債権には登記といった公示方法がないため第三者を保護する方法として保全の要件とされているのであり、そのためその差押は必ず抵当権者が為すことを要するが、目的債権が第三者に譲渡された場合には、保全されることなく消滅する、として代位権行使を否定している。そしてここでは、民法三〇四条一項但書にいう「払渡又ハ引渡前」という要件を、転付又は譲渡前とも解している。

このように判例はきわめて特徴的な対立を示しているが、差押＝公示＝自らの差押とされる点では一致をみるが、特定性維持については請求権の行使から説明しうるのであり、代位制度自体の説明からは論拠は導かれていないと言ってよい。

五　私　見

以上は私見を展開する予備的作業であるが、ここで本稿に与えられた紙数が尽きてしまった。加えて、私見を十分細部にいたるまで構成しつくしているとはいえない現状の下で、以下私見の方向を述べるにとどめる。すなわち以上の検討から、物上代位権行使に於ける差押についてのいわゆる特定説か優先権保全説かについては細部において様々な論点を有する対立であることが認識されたが、これはむしろ論理的に対立するものではなく、法政策的価値判断を伴った構成の問題であることが理解されるように思われる。例えば、物上代位の本質論との関係では、誰が差押えるべきかについては、物上代位の物権説のみならず、価値権説からも結論づけられうるのであり[74]、論理必然的に考えるというよりも、むしろ相対的な関係を有する問題であるといえる。ただ物上代位を債権質権とする説（ドイツ通説[75]）は、現在ほとんど主張されておらず、民法三六七条の準用を考える見解は民事執行法の制定によって、その立論の根拠を失ったとされる[76]。

私見によれば、民法三〇四条一項但書は、ボアソナード博士が明言するように、第三債務者が不利な支払にさらされないよう、物上代位権者からなされた差押によって、通知を受けることを強く要求することによって、第三債務者を保護しようとしたものである。即ち、第三債務者に対して物上代位権が行使されたことを知らしめ、同時に代位物の本来の債権者への弁済を差し止めることによって、物上代位権者の優先権を保全することを目的とするものであり、民法の予定する第三債務者に対する対抗要件（三六四条、三七六条、四六七条）と同一の機能を有するものである、と解せられる。従ってこの差押は、第三債務者の債務者に対する弁済の禁止を目的とする保全的差押である。確かに現行民法の起草者らは、別個の利益状況を考えていた。例えば梅博士は、債務者が弁済受領後、先取特権者がなお、代価物に代位権を行使する虞れを考慮して、他の債権者の保護を考えていた。しかし、思うに「払渡又ハ引渡前」という文言は、明らかに対抗要件を意図したものである。梅博士の所説を考察に入れるならば、払渡又ハ引渡の前後で場合分けをし、前の場合には第三債務者保護説（ボアソナード）、後の場合には第三者保護説（梅）を採ることも一見可能である。しかし、物上代位が認められるのは、払渡又ハ引渡前であって、この後の代位権行使は認められないのであるから、梅博士の指定される利益状況は生じないと考えうるのではあるまいか。また従来、債務名義を不要とするフランス法が母法とされ、これに対し債権差押を規定する民事訴訟法（民事執行法施行前）の母法が債務名義を要するドイツ法とされていたことから、差押の意義及び機能が争われたが、現在では、民事執行法一九三条の規定により、立法的解釈をみている。即ち前記谷口説の比較検討された第二説及び第三説が止揚され、動産売買に於ても対抗要件が他と統一的に具備できることとなったものと考えられる。

六　おわりに

私見に依れば、物上代位制度は特権論と価値論の両者によって裏付けられる。三〇四条一項但書にいう「払渡又ハ引渡後」は結局、追及力の範囲の問題であるが、それはまた、特権論と価値論のどちらをより強いモーメントと考えるかにも依存している。それは物上代位権を保護する強い政策的判断を推し進めるか、あるいは制限的に解するかをも決定する。他の債権者の差押が先行する場合や、あるいは債権譲渡といった場合に物上代位の優先をどこまで認めるかはかような衡量を前提とするものである。このバランスを理論として追求していく努力が今後もなお要求されるであろうことを想って筆を措くこととしたい。

（1）法解釈上の方法論につき立法者意思説を採るものとして、ヘック「法律解釈と利益法学」津田利治訳『ヘック・利益法学』慶應義塾大学法学研究会叢書43所収参照。また利益法学と概念法学との対比についてては、後述6（高島トシ子・田中ひとみ「概念法学と利益法学」法学研究五九巻七号一〇八頁）以下参照。

（2）Projet de Code Civil Pour l'Empire du Japon accompagné d'un commentaire t. 4 Art 1138, ボアソナード氏起稿再閲修正民法草案註釈第四編二九五頁。

（3）Code Civil de l'Empire du Japon Accompagné D'Un Expose des Motifs t. 4 Art. 133,『民法理由書債権担保編』、城数馬訳。

（4）『法典調査会民法議事速記録』一三巻一八―二七、法務図書館版五巻一〇頁―一五頁。

（5）梅謙次郎、『訂正増補民法要義巻之二物権編』三三七頁。

（6）富井政章「物上代位ヲ論ス」法学志林六号五七一頁。

（7）富井、前掲、五六九、五七〇頁。

（8）富井、前掲、五七五頁。

(9)　富井、前掲、五七五、五七六頁。
(10)　岡松参太郎、『註釈民法理由物権編』三四二頁。なお本節については、新田宗吉「物上代位」星野英一編、『民法講座三』、一〇五頁以下を参考にした。
(11)　岡松、前掲、三四二頁、三四五頁。
(12)　横田秀雄、『物権法』、第二版、四五四頁。
(13)　横田、前掲、四五五頁。
(14)　川名兼四郎、『物権法訂正三版』、二一二頁。
(15)　川名、前掲。
(16)　川名、前掲、二一三頁。
(17)　曄道文藝、京都法学会雑誌一一巻六号七四頁。
(18)　曄道、前掲。
(19)　曄道、京都法学会雑誌一一巻一一号七二頁。
(20)　曄道、前掲、七二、七三頁。
(21)　曄道、前掲、七三頁。
(22)　曄道、前掲。
(23)　曄道、前掲。
(24)　曄道、前掲。
(25)　曄道、前掲、七四頁。

(26) 暲道、前掲。
(27) 暲道、前掲。
(28) 鳩山秀夫、判例民事法大正一二年四〇事件、一六七、一六八頁。
(29) 鳩山、前掲、一六八頁。
(30) 鳩山、前掲、一六九頁。
(31) 末川博、法学論叢二六巻三一七頁。
(32) 末川、前掲、三一八頁。
(33) 末川、前掲、三一六頁。
(34) 石田文次郎『担保物権法論上巻』五四、五五頁。
(35) 石田、前掲、五五頁。しかし、また「追及権を有する場合たると否とに論なく、物上代位は優先権を有する担保権に通じる一般的原則であると謂うことが出来る。」とされる。石田、前掲五九頁。
(36) 石田、前掲、五六頁。
(37) 抵当権について、我妻栄、『新訂担保物権法』二八八頁。
(38) 星野英一、『民法概論Ⅱ（物権・担保物権）』二一一頁、二一二頁。
(39) 東孝行＝仲家暢彦「動産売買先取特権に基づく物上代位と債務者の破産」判例タイムズ四〇九号二二頁以下。
(40) 新田、「物上代位に関する一考察―抵当権の物上代位を中心として―」法学研究二八号（明治

学院論叢第三三〇号）一三三頁―一三五頁。
(41) 生熊長幸「債務者が破産宣告を受けた場合と先取特権者の物上代位権」民商法雑誌九二巻二号八六頁。
(42) 『ボアソナード氏起稿再閲修正民法草案注釈第四編』二九六頁以下。
(43) 今中利昭「動産売買先取特権と物上代位（下）」ＮＢＬ一九九号二二頁。
(44) 東＝仲家、前掲。
(45) 東＝仲家、前掲三〇頁。
(46) 東＝仲家、前掲。
(47) 東＝仲家、前掲。
(48) 東＝仲家、前掲。
(49) 東＝仲家、前掲。
(50) 今中、前掲、二三頁。
(51) 今中、前掲。
(52) 今中、前掲、二四頁。
(53) 今中、前掲。
(54) 今中、前掲。
(55) 今中、前掲。
(56) 新田、前掲一三三頁以下。

(57) 新田、前掲。
(58) 槇悌次「物上代位と差押」『判例演習物権法〔増補版〕』二〇八頁以下。
(59) 槇、前掲二一三頁。
(60) 槇、前掲。これに対して、抵当権は、信用において返還さるべき一定価額を、一定の商品体を媒介にして、現在において既に取り戻しておく制度である、とされる。槇、前掲二一二頁。
(61) 谷口安平「物上代位と差押」『民法学(3)』、一〇四頁以下。
(62) 谷口、前掲、一〇六頁。
(63) 谷口、前掲、一一〇頁。
(64) 谷口、前掲、一一二頁。
(65) 谷口、前掲。
(66) 谷口、前掲、一一四頁。
(67) 谷口、前掲。
(68) 谷口、前掲、一一五頁。
(69) 谷口、前掲。
(70) 谷口、前掲。
(71) 清原泰司「抵当権の物上代位権をめぐる実体法上の問題点」加藤一郎＝林良平編『担保法体系第一巻』三三八頁以下。
(72) 清原、前掲、三五四頁。

(73)　浦野雄幸「最近の動産売買の先取特権の実行をめぐる諸問題(1)〜(4)」ＮＢＬ三三四号〜三三七号。この他に動産の先取特権の実行を論じたものとして、田原睦夫「動産の先取特権の効力に関する一試論」林良平還暦記念『現代私法学の課題と展望上巻』がある。
(74)　清原、前掲、三五七頁。
(75)　比較法的検討を為す論稿として、鈴木禄弥、『抵当制度の研究』参照。
(76)　吉野衛、「物上代位に関する手続上の二、三の問題」加藤一郎・林良平編『担保法大系』第一巻、三七七頁。

5　西ヨーロッパにおける法律エキスパートシステムの動向

一　はじめに

西ヨーロッパにおいても法律エキスパートシステムへの関心が高まっている。それは、例えば「論理、情報学、法」というテーマで一九八一年と一九八五年に国際会議が行われたことにも示されている。この会議には二三〇名の学者が二二ケ国から集まった。会議は、いかにコンピュータが法的に考え、法の解釈と適用において法律家に助力することができるかを基本的テーマとするものであった。ヨーロッパにおける法律エキスパートシステムの研究動向を概観するには、さしあたりこの会議の論文集(1)を参考とするのが便利であろう。そこでは、法律エキスパートシステムの開発において追求される目的とは、その合理性を増すことによって法的決定作業の質を高めていくことであると考えられている(2)。それに役立つような法律エキスパートシステムを構築していくには、哲学的、論理学的、工学的に掘り下げた研究が必要とされている。本稿では、その概括的論稿であるマイケル・A・ヒーザー（Michael A. Heather）の論文(3)を取り上げて紹介することとしたい。

二　問題の所在

現在のところ二つの応用例が存在する。ひとつはホーティマシン（Horty machine）とよばれる法律情報検索システムであり、もう一つは法律エキスパートシステムと呼ばれるものである。両者とも本来コンピュータに適するように設計されたシステムであり、法律に適するように設計されたシステムではない。最も基本的に難しい点は、法律の知識構造をこの世界に形式的にどのように表現するかという点である。法律の知識構造を「これ以上分けられない単位」にまでどう分けていくか、またどのようにして自然言語との直接性を保持するかという問題である。

三　現行の法律コンピュータシステム

⑴　現在の応用例

法律をコンピュータで扱うために進められた全く違った二つの方法は、

a　法律情報検索システム

b　法律エキスパートシステム

である。これらはコンピュータを法律学のために利用する二つの重要な分野である。

三　現行の法律コンピュータシステム

(2) 法律情報検索システム

最近一〇年間はいわゆるホーティマシンの仕上げが行われただけであった。一九六〇年のジョン・ホーティ（John Horty）の研究に根ざす、コンピュータを利用した法律研究の現在の方法は、極めてよく用いられる単語を除いて、法文中の一語一語のアドレスのインバーテッド・ファイルを作ることに基づいている。そこで法律情報検索は、キーワードをインバーテッド・ファイルで探す過程と、全条文ファイルの中から探索段階で確認された条文を抽出し、ディスプレー装置に表示するという二つの過程から成るものとなった。これらの処理をしてくれるソフトウェアパッケージにはいろいろのものがある。これらは、用語の切り出し、データの属性の拡張、辞書の自動検索、ディスプレー・モード変換というような様々な技法を用いている。

法律情報検索システムとして、現在、稼働中のシステムにはつぎのものがある。

a　イタリアの最高破毀院（Corte Suprema di Cassazione）電子文書センターは公的財政支援を受けており、一般的検索用データベースは法文の全文でなく、「要旨」のみを収めている。

b　LEXISは法文の全文を収めている大きなデータベースで、法律関係に限られていない。

c　法律関係の出版市場がそれほど大きくない場合、資料が小規模（例えば一〇〇メガバイト以下）で構造が単純なら、集中式電子出版から利益を受けるところが多いだろう。

(3)　法律エキスパートシステム

ホーティマシンの実行と開発には商業主義が強調されたが、アカデミックな研究は別の方向を辿り、いわゆる「エキスパートシステム」の構築に集中した。MYCINやそれに類似したシステムの名声の高まりは、多くの法律家の研究活動を法律エキスパートシステムの方向に動かした。法律情報検索が六〇年代後半の情報検索（IR）に依存したように、法律エキスパートシステムは七〇年代の人工知能（AI）に影響を受けた。提案された法律エキスパートシステムの多くは、なかなか野心的であり、かつ工夫がなされている。社会福祉関係の法規のような分野で、行政上の機能を実行し、助言を与えるために、電子工学を利用した意思決定システムが設置された。パイロット的なデモシステムの段階から法律家の仕事を実行できるシステムへの発展はまだない。実用性は取るに足らない程僅かである。

しかし一〇年この方、つぎの二つのシステムが我々が今どこにいるかをよく例示している。これらは一九七六年ごろ設置され、現実の法律問題を解決するよう設計された。これらのシステムは法律エキスパートシステムとしての基本的な特性は備えているように思える。この二つのシステムとは、

a　WELBEN デービッド・ド・フォ（David du Feu）のこのシステムは英国の福祉法の規則をプログラム化し、ニューカッスル・ポリテクニック（工科大学）のパイロットプロジェクトで遂行された。そして元のシステムはニューカッスル法学部電子ライブラリーに保存された。WELBEN は主に COBOL で書かれた。そのためそれはやや長くなり、複雑になったが、COBOL は主なＡＩ言語にないデータベース操作技術をもっているという利点がある。

b　リーガル・リサーチ・システム（ＬＲＳ）はキャロル・ハフナー（Carole Hafner）によって一九七六年に作られたエキスパートシステムで、流通証券に関する問題の解決を目指している。それは約二〇〇の事例と同じく二〇〇の、手作業によりＬＩＳＰに変換された成文法的資料を必要とする。従って成文法の資料が変更されるとコンピュータのプログラムで自動的に処理される

のではなく、手作業での書き換えをして監視を続けなければならない。ＬＲＳは、この型の法律エキスパートシステムの一般型である。ＬＲＳは法律をコンピュータのコードに変換する作業をするのでなく、関連する法的資料へのアクセスを可能にする。

これらの二つのシステムは最も初期のデモシステムであり、原則を確立したといえる。

(4)　現在のシステムの困難性

ＬＲＳ系統のシステムは原則を改善できるようには思われない。この型の法律エキスパートシステムが広く一般に設置されない困難さの理由を明確にする必要があろう。エキスパートシステムは、概念をよりうまく扱えるとはいえ、手作業で前もって決められる必要がある。ホーティマシンはオートメーションを提供できるが、その条文データベースの中の概念を扱うことができない。他方、エキスパートシステムは概念を扱うことができるが、それは自動的とはいかず、手作業で人の知能を継続的に注ぐことが必要である。そこで問題は法律の知識をどのような形でコンピュータが理解できる形にするかということである。知識をコンピュータ上でどう表現するか、その方法は次世代の法律関係のコンピュータの設計の重要なわかれ目になるだろう。

四　法的知識の表現

(1)　現在の知識表現の形式

知識を表現する形式は人工知能の研究やデータベースのうちの知識ベースの研究で現在取り上げられているトピックである。様々なシステムのあらゆる領域、すなわち階層型、ネットワーク型、リレーショナル型などのデータベース管理システム、PROLOG、ＬＩＳＰ、論理式あるいは節として表された一階の述語論理、時間様相論理、認識様相論理、意味のネットワーク、FACTマシンや知能的ファイル貯蔵のようなハードウェアさえも含む様々なシステムのあらゆる領域で共通に用いられる意味論上の概念とはどんなものかを明らかにするために、一つの研究グループが作られた程である。文献では記号論理（命題、述語、様相等）、フレーム、ベクトル、意味ネット、スクリプト、実体の関係、仮説、リスト、論理のプログラミング言語、公理的ファジー集合、統計学的関数等が含まれている。これらは全て次の二つに分類される制約をもっている。

(1)　もうこれ以上分離できない単位をどこにおくか（原子化）

(2)　直接性

(1)について。我々は、何等かの形式を採用しようとすればその用語を定義する必要がある。自然言語の概念は、もうこれ以上分けられないという単位にまで分解されねばならない。これらはプリミティブと呼ばれるものであり、これらは定義できない。このことは法規範を記号論理学で取り扱おうとするときにも当てはまる。

(2)について。概念を形式に還元する場合の第二の結果は、通常還元の際にコンテクストが決定せられねばならず、しかも他の全てのコンテクストを排除した形式の中で表現されねばならないということである。なお命題論理の法への適用の古典的例は、ニブレット（Nibllet）によって与えられている。

(2)　将来の法の知識ベース

法の知識ベースとはどういうものだろうか。それは一次的な法源のみならず今日利用しうる二次的法源をも含んでいる。それは形式化された形での法律文ではないが、法律文とは分離された解釈の言明を含む物である。従ってホーティマシンがほとんどないし全く解釈を含んでいないのに対し、法律エキスパートシステムは前もって明確に記載された解釈を含まねばならない。自然言語での法律知識ベースはダイナミックであり得るのである。

(3) 知識ベースの構築と新しいコンピュータ構造

現在のシステム（商業的法律情報検索システムと提案されているエキスパートシステムの両者）は第三世代コンピュータのために考案されたものであり、このことがそれらの限界の理由となっている。特に従来からある、フォン・ノイマン型の、単一のプロセッサを持ち、決まったサイズのメモリーを持ち、一つのアドレス空間を持っているようなシリアル・マシーンの構造では、不定形の構造をもったところの、多量の異質のデータの探索には全く不適当である。全ての範囲の機能を知的に実行できるところの適当な諸プロセッサをしかるべく並列的に並べた形のコンピュータを必要とするのである。

五　おわりに

ヒーザーは、以上のように述べて、これに続いて日本の第五世代コンピュータを紹介している。彼は法律エキスパートシステムのためのハードおよびソフトにおいて日本の第五世代のコンピュータ開発研究に大いに期待している。本稿では、上記論文集の他の論文及び第一回のプロシーディングについては割愛せざるを得なかった。マイケル・ヒーザーがいうように我々は基本的な変革の時期に来ている。とりわけPROLOGによる推論マシーンについては発展の可能性が大きく、法律エキスパートシステムのためにも今後の研究が大いに期待されるところである。

（1）第一回（一九八一年四月六日〜一〇日）、第二回（一九八五年九月三日〜六日）ともにフィレンツェで行われ、二冊ずつの論文集を出している。第一回論文集：C. Ciampi (ed.), Artificial Intelligence and Legal Information Systems, Amsterdam—New York—Oxford 1981; A. Martino (ed.), Deontic Logic Computational Linguistics and Legal Information Systems, 1982. 第二回論文集：A. Martino et al. (ed.), Atti Preliminari Del II Convegno Internazionale Logica, Informatica, Diritto (1, 2).

（2）Juergen W. Goebel; Reinhard Schmalz 第二回論文集(2) p. 91.

(3) Michael A. Heather; School of Law, Newcastle upon Tyne Polytechnic, "Future Generation Computer Systems in the Service of the Law" 第二回論文集(2) pp. 165-188.

五 おわりに

6 国際裁判管轄

――フランス新民事訴訟法九二条を中心に――

序　章

新フランス民事訴訟法は一六六七年四月の民事訴訟王令の後に成立した従来の一八〇六年旧民事訴訟法を四つのデクレ（一九七一年九月九日、デクレ七四〇条、一九七二年七月二〇日、デクレ六八四条、一九七二年八月二八日、デクレ七八八号、一九七三年一二月一七日、デクレ一一二二号）により廃止し、更にこれらを統一した一九七五年一二月五日デクレ一一二三号により制定された。この改正作業は一九六九年四月以降、**Foyer** 教授を長とする民事訴訟法典改正委員会の作業によって進められ、新法は一九七六年一月一日より施行せられている。その後、同法は一九七六年七月二九日デクレ七一四号、同年一二月二八日デクレ一二三六号などにより若干修正を受け今日に到っている。なお強制執行手続、仲裁手続などについては旧法の規定が今なお有効である。

このように法律（ロア）ではなく、行政的な命令であるデクレにより法律たる旧民訴法が改正されているのは、一九五八年第五共和国憲法三四条により刑事訴訟及び裁判所の新しい種類の創設のみが立法権の所轄とされたことに伴い、行政命令権にその他の手続の創設等の権能を委ねたことによる。

フランスに於いて民事訴訟法典には国際裁判管轄についての規定は置かれていない。しかしながらその九二条で国際裁判管轄について職権で無管轄を提起しうることが新たに規定され、国際管轄の法的性質に関する従来の土地管轄説（通説・判例）に対する議論が生じている。

そこで本稿ではこのフランスの国際裁判管轄をめぐる状況を紹介し、その法的性格について若干の検討を行いたい。

ここでフランスにおける権限管轄の意味に付言しておきたい。

権限管轄は伝統的には事物に基く管轄（compétence ratione matriae）と呼ばれるが、それは我が国でのいわゆる事物管轄のみならず、職分管轄（審級管轄をも含む）を包括する概念である(1)。

〔現行法及び旧法〕

第九二条（一九七六年一二月二八日デクレにより修正）

無管轄は、権限管轄の規定の違反の場合であって、その規定が公序に関するものであるとき、《又は、被告が出頭しないとき》には、職権でこれを宣告することができる。《権限の無管轄を職権で宣告することができるのは、これらの場合に限る》。

控訴院及び破毀院においては、権限の無管轄は、事件が刑事又は行政裁判所の管轄に属する場合、又は事件がフランスの裁判所の裁判権に服さない場合にのみ職権でこれを宣告することができる。

九三条（一九七六年一二月二八日デクレにより修正）

《非訟事件においては、裁判官は土地の無管轄を職権で顧慮することができる。訴訟事件において、裁判官がそれをなしうるのは、身分に関する紛争、法律が他の裁判所に専属管轄を付与している場合、又は被告がしない場合のみである(2)》。

旧民事訴訟法一七一条

一九五八年一二月二二日デクレ一二八九号

事物に関する無管轄は、次に掲げる場合でなければ、職権で言い渡すことができない。

1　法律が刑事裁判所または行政裁判所に管轄を与えている場合

2　別居、財産の分別、離婚、身分の問題に関する事件の場合および一般的に管轄の規定が公序に属する訴訟の場合

3　紛争が小審裁判所の終審としての管轄に属する場合

訴訟事件については、土地の無管轄は、職権で言い渡すことができない。ただし、当事者がそ

の権利について和解をすることができない場合には、この限りでない。(3)

一九七二年七月二〇日デクレ　(試訳)

三二条　無管轄は公序に関する権限管轄違反の場合に職権で言い渡すことができる。それはこの場合に限られる。

破毀院の面前に於いてはこの無管轄は行政裁判所の管轄に関する事件の場合にのみ職権で言い渡すことができる。

三三条　非訟事件に於いては、裁判官は土地無管轄を職権で言い渡すことができる。裁判官が訴訟事件でそれを為しうるのは、身分に関する訴訟、あるいは法が他の裁判所に専属管轄を割当る事件においてのみである。

(1)　「注釈フランス新民事訴訟法」法曹会第三編　管轄「前注」参照。

(2)　前注参照。

(3)　本条の翻訳は「フランス民事訴訟法典の翻訳」フランス民事訴訟法典翻訳委員会　法協八一巻四号四〇五頁による。

第二章　フランスに於ける土地管轄説

フランスに於ける国際管轄は⑴フランスの裁判所の普通管轄を決定する規定、⑵民法第一四条及び一五条、の二つの規定により規律されてきた[(1)]。

普通管轄とは民法一四条・一五条以外の適用領域を律するものであり、外国人に対する訴訟事件でフランス人が民法一四条・一五条の適用を放棄している場合がこれに該当する[(2)]。

他方、民法一四条・一五条に依れば、国際事件において当事者の一方がフランス人である場合、フランス裁判所の一般管轄が肯定されることとなる。これは当事者の一方がフランス人たることに起因するのであり、土地管轄の国内規定の移し換えによるものではない。そして両条は土地管轄の国内規定から引出された共通法を除外するに至らしめる[(3)]。

判例理論は一九世紀から二〇世紀前半にかけて民法一四条・一五条についての変遷を見せている。初期に於いては、両条はフランス人との裁判を予定するとしてフランス裁判権は外国人間の訴訟に対しては無管轄であるとの態度を採っていた。この理論はほどなく解体し、パティノ判決により初期の判例理論は正式に放棄された。パティノ判決では、当事者が外国人であることは、フランス裁判所の無管轄となる原因ではない旨判示されている。

　その後判例は、フランス裁判所に管轄を認めるために内国土地管轄規定と特別な国際管轄規定を区別することとなった(4)。

　現在の判例理論は内国土地管轄規定の全てを国際事件（国際裁判管轄）に適用している(5)。まず伝統的な actor sequitur forum rei という法格言によって民訴法四二条が被告の住所地に国際裁判管轄を認めている。対物不動産訴訟に於いては四四条(6)により不動産所在地、相続に関する訴訟においては四五条(7)により相続開始地、役務提供については四六条一項(8)によってその履行地、不法行為については四六条二項により加害行為地（又は損害発生地）が国際裁判管轄を有する。このように四二条ないし四六条の内国土地管轄規定を国際事件に適用することは判例上不動の地位を占めている(10)。

　他方学説に於いては、そもそも一国の裁判権に国際事件をどう位置づけるかが問題であるが、クシェによればそれは次のようになる。一国の国際私法とはその内国法の観念やカテゴリーに依存していることが知られている。国際管轄を内国法として知られたカテゴリーに関連づけるか――土地管轄にか、権限管轄にか――あるいは管轄それ独自をさらに問題とするか、が問われねばならない(11)。

まず、国際的な範囲で如何なる裁判所に裁判権を認めることが適切かについては様々な裁判権の管轄が、司法秩序の体系から、あるいは地理的な割当てから定められうる。ここでは、複数の可能な裁判権のグループの間での管轄の法的な決定が問題である。このように国際的範囲と内国での局面という二つの類型を同一視することは、裁判権に関する普遍主義を前提とする（HEBRAUD の定式化）。土地管轄に結びつける考え方は、国内法としての民事訴訟法の土地管轄に関する規定がそのまま国際事件に移し換えられる（ないし類推[12]する、あるいは逆推知する）ことが許されるか否かについての検討として理論的な考察が行われてきた。

他方で、権限管轄なる学説はフランスでは、バルタン以来主張されており、新法以後はユエの見解が有力化している（後述）。

第三の説として、最後に、国内法の土地管轄規定にも権限管轄規定にも依拠しえないと考える場合、国際事件に関しては第三のカテゴリー（ないし思惟形式）を設定することとなる。諸国家間の事件分配を定める効力のあるルールが未だ存在しない以上、裁判権の行使を正当化する根拠が追及される可能性は否定し得ないのではないだろうか。フランスではいわば折衷説（後述）がこれに該たる。以上の三つの学説についてフランスでの状況を以下に検討してみたい。

クシェの国際裁判管轄に於ける土地管轄説とは次のようなものである。

内国土地管轄規定は、管轄権のある裁判所に関して司法的関係を（地理的に）局限することを目的とする。国際的範囲においては管轄を割り当てる空間はいくつかの国家の土地の全体となる。[13]これは内国の問題と類型を同じくする。例えば、内国の範囲に於いては被告の住所の裁判管轄を原則とするが、同じように国際的範囲に於いては被告の住んでいる国の裁判所に原則として管轄がある。被告を保護するという同一の意図（法益）が内国の局面に於いてはその当事者の住所の裁判所の管轄を設定し、国際的な局面ではその領域上にその被告が住んでいる国家の裁判所の管轄を呈示する。また不動産については審理の簡便さの観点から国内領域における係争不動産の所在地の裁判所に管轄が認められるのと同様に国際的領域に於いては当該不動産の所在地の国家の裁判所の管轄が認められるのである。[14]

内国土地管轄に関する一般規定は新民事訴訟法四二条以下に規定されており、四二条一項により被告の住所地、四三条により住所地がない場合には居住地、法人については、その設立地、四四条により対物不動産訴訟については不動産所在地、同様に四五条により相続については相続開始地、四六条により、契約については目的物引渡しの効力発生地あるいは役務給付の履行地、不法行為については加害行為地又は損害発生地、[15]混合訴訟に於いては不動産所在地、扶養料又は婚姻費用分担については債権者の居住地が、国際土地管轄の基準となる。[16]

このクシェの見解はフランスの従来の通説であり、国際裁判管轄の原則はこのような広汎な、あるいは移し換えられた土地管轄規定により樹立され解決されるのである。クシェに依れば新民事訴訟法が国際管轄を権限管轄として扱ったその程度に限って、非常に限られた範囲でしか改正は認められないのである[17]。

（1） Holleaux, Droit International Privé, n° 712.
（2） op.cit., n° 713.
（3） Couchez, Les nouveaux textes de la procédure civile et la compétence internationale, Trav. comi-téfr.int. privé, 1977-1979, p. 113, notamm. p. 117.
（4） Holleaux, op. cit., n° 713.
（5） 判例は土地管轄説を旧法時から採用しており、新法後も一貫してこの態度を採り続けている。Cass. civ. 19 octobre 1959, Rev. crit. dr. int. privé, 1960. 215; D. 1960. 37; Cass. civ. 23 février 1960, Bull. civ. 1960. I. n° 123; Cass. civ. 30 octobre 1962. *Clunet*, 1963. 1072; Rev. crit. dr. int. privé, 1963. 387; D. 1963. 109; Cass civ. I, 2 févier 1982, D.S. 1983, inf rap 149.
但し下級審ながら権限管轄とするものもあった Paris, 18 juin 1964, *Clunet*, 1964. 810.
（6） Cass. civ 15 juin 1982, G. P 1982. 2. pano. 327.
（7） Cass. civ. 14 novembre 1981, *Clunet*, 1982. 926; J.C.P 1982. II. 19920; Rev. crit. dr. int. privé, 1983.

645.

（8）　Cass. com. 14 novembre 1980, Bull, civ. 1980. IV. n° 374.

（9）　Paris, 15 juin 1982, G. P. 1982. 2. Somm. 378.

（10）　判例は、この土地管轄規定の扱いについて、当初（国際事件への土地管轄規定が）拡張されるとし、後に移しかえる、という語を用いている。

（11）　Couchez, op. cit., p. 117.

（12）　類推解釈だと筆者が指摘したのは、土地管轄規定が日本に国際裁判管轄があることを前提に、次に日本国内のどの場所の裁判所に事件を分配させるかを定めるのに対し、国際裁判管轄では、まず日本に裁判権が存在するかという前提問題（一般管轄の存否をめぐる問題）を扱うからである。

（13）　Couchez, op. cit., p. 118.

（14）　op. cit., p. 124.

（15）　混合訴訟とは不動産の売買において買主が売主に対し目的物引渡しを請求する場合のように、当事者が同一の法律行為から生じる物権と債権を同時に主張する訴訟をいう（野田良之「H・ソリュス、R・ペロ『民事裁判法　第二巻　管轄』法学協会雑誌九二巻一〇号一四二頁及び、前掲法曹会版翻訳、法典「四六条に」おける注釈、八五頁）。

（16）　*Couchez*, op. cit. pp. 126-127

（17）　op. cit., p. 125.

第三章　権限管轄説

新民事訴訟法は国際管轄を土地管轄としてではなく、権限管轄として扱うように思われる。新法後議論をもたらしたユエの権限管轄とは次のような内容である。

新民事訴訟法九二条、九三条は明かに国際管轄に対する一つの立場を採る。即ち暗然にではあるが、両条は国際管轄を権限管轄と同一視している(1)。九二条は刑事裁判権あるいは行政裁判権の所轄に属する事件と国際無管轄（外国裁判権の所轄）に属する事件を同一の体制下に置くことによって後者が裁判権の秩序に関わる問題であると確認する(2)。

フランスの裁判官が国際無管轄を職権で提起する権限は、今日では必然的に（行政裁判権あるいは刑事裁判権の）内国権限無管轄を職権で辞退することをフランスの裁判官が為しうるという権限に擬せられなければならない(3)。

ところでフランスでは、国際管轄を権限管轄としたのはユエが初めてではない。古典的にはバルタンの見解も権限管轄説とされる。

バルタンによれば、国際管轄（彼はこれを一般管轄とした）は ratione materiae である。国際管轄は内国権限管轄と同じ問題を呈示する。即ち、裁判の二つのグループ（フランスの裁判権と外国の裁判権）には裁判の種類（行政か、司法か）及び訴訟の類型（民事か刑事か）の選択という同じ問題が存する。これは権限管轄（ratione materíae）に類似する。(4) このバルタンの権限管轄説は外国人間の訴訟に於いてフランス裁判所は無管轄であるとする旧民訴法四二〇条に基礎を置いていた。

また新法後、下級審ではあるが、九二条は暗黙に国際管轄を権限管轄であると認めているとする判例がみられる。(5)

このような背景でなお権限管轄説には批判がなされている。まず裁判官が無管轄を職権で提起する場合に権限管轄とされるが、九二条以外の一般的な事例に妥当するか否かは疑問であるとの指摘がなされている。(6)

しかし、九二条は、国際管轄について（フランス裁判官が管轄を有するか否かについて）職権で顧慮しうることとし、裁判官の権能の一つであることを明らかに宣言した規定であり、国際管轄は権限管轄であるといえる。九二条に依れば、一次的な職権での考慮を行うことによって国際司法秩序を維持することができる。また、当事者が管轄を誤った場合の対応や後日の管轄についての紛争を防止することができる。更に執行段階までをも含めたトータルな判断が可能であるといったメリットが挙げうる。

第二の批判としては、土地管轄規定以外のどの種類の規定によるのか不明であるというものがある。これは土地管轄のような内容を問題としたものではなく、管轄の決定の方式として国際管轄は権限管轄に属するのである。土地管轄概念から導かれうる概念ではなく、一般管轄の存否の判断であり、それは私見に依れば土地管轄の判断に優先する。国際管轄という事項は権限管轄の内容の一つとされる。

第三の批判として、権限管轄の規定は国際管轄の決定には不適切であるという点が挙げられている。確かに従来の権限管轄は内国の裁判の種類に関する規定とされ、異なった国家間での配分には適用されないと考えられてきた。しかし九二条の無管轄の宣言は国際間の管轄の配分について職権で判断を行うことを意味し、従来の裁判官の権能にフランス裁判権自体の存否ないし適否の判断を持たせ、国際的な配慮を行なったものである。そもそもフランス裁判権にこのような権限がないことは不合理であり、とりわけ権限管轄については条文根拠が必要であろうことから新法が九二条で確認したものと考えられる。裁判権行使の基準はその国家が内国規定としてもつべきものである。本来的に一般管轄を有するかは国家の関心事であり、国家的利益を持つことから公共性も大きい。このような意味で九二条一項では公序を要件としたものと思われる。

（1）Huet, Le nouveau Code de procédure civile du 5 décembre 1975 et la compétence internationale des tribunaux français, *Clunet*, 1976. p. 342.

（2）Op. cit., p. 346.

（3）Op. cit., p. 360.

（4）Bartin, Principes de droit international privé, 1930, t. I, §124.

（5）Paris, 27 avril 1983; J. C. P. 86, II. 20542.（下級審判例である。）

（6）Huet, op. cit., n°718.

第四章　第三の理論

まずMayerは(1)（原則としては）土地管轄であるとしつつ、国際裁判管轄・国際権限管轄の集団に属するものとする。これは二つの管轄概念のいずれにも属さないとするが、その国際権限管轄の集団での管轄の配分の問題こそが国際管轄の本質であると思われる。

次にFrancescakis(2)は国際管轄は土地管轄、権限管轄のいずれとも同一視され得ないとし、権限管轄に類似する特殊な性格を有するという。所説も両管轄に還元することを放棄し内国法のカテゴリーの一つの中で最終的に評価することをいずれも困難であるとしている。

最後に Gaudemet-Tallon(3) は管轄の制度と管轄の決定を識別し、制度に関しては国際管轄は権限管轄の問題であり、その原則の内容については土地管轄の問題であるとする。しかし所説自身指摘する通り、制度と内容が不可分であるとすればこのような二分法は成り立ち得るか疑問が提起される。

（1） Mayer, Droit international privé, 2e éd., p. 108.
（2） Francescakis, Rev. crit. dr. int. privé, 1952. 353; ibid. 1963. 388.
（3） Gaudemet-Tallon, La compétence international à l'épreuve du nouveau Code de procédure civile, Rev. crit. dr. int. privé, 1977. 1s. notamm. pp. 42-43.

第五章　若干の検討

新法九二条によって新しく議論されたのは直接管轄についての問題である。間接管轄について法は言及していない。新法の改正でとりわけ注目されるのは土地管轄についての新しい条文（四二条乃至四六条）及び無管轄の抗弁の規定であった。この無管轄の抗弁とは請求の係属している裁判所はあらゆる防禦方法（本案に関する防禦、手続上の抗弁、訴訟不受理事由）の裁判権を有し、無管轄の抗弁を提起しうるというものである。

無管轄の抗弁については職権で為す場合（九二条以下）と当事者が提出する場合（七五条以下）とがあり、新法は後者については特に改正せず、前者について新しい規定を置いた。

無管轄の抗弁を職権で為す場合、旧一七一条では訴訟事件で当事者が和解をなさない場合にのみ職権で行い得た。一九七二年七月二〇日デクレ三三条では裁判官は非訟事件で土地無管轄の抗弁を常に為しうるとされた。他方訴訟については身分関係及び専属管轄についてのみ抗弁を職権で為しえた。国際的無管轄も後者の場合にのみ職権で提起しえた。公序による無管轄は認められていなかった。

一九七二年七月二〇日デクレは一九七六年一二月二八日デクレ九三条で再度確認せられ、他方権限管轄については九二条に規定が置かれた。訴訟事件については土地無管轄は職権では提起しえないままである。

九二条、九三条では様々な裁判権に関する判断を裁判官に付与している。九二条では裁判官が権限無管轄を職権上宣告できるケースを列挙した。それは⑴権限管轄に違反しかつ、それが公序に関わる場合、⑵被告が出頭しない場合、⑶控訴院、破毀院に於いては刑事あるいは行政裁判所の管轄である場合（二項）、⑷控訴院、破毀院においてフランス裁判所の裁判権の権限を越える場合（二項）である。新法施行後、国際裁判管轄はこのような意味で権限管轄の規制下にあるといえる。しかしその一方で、土地管轄規定を移しかえるという伝統的方法がある。[1][2]

そこで、このような状況に於いて国際管轄をいかに解するがが問題となる。そもそも一般管轄の決定に際しては外国裁判所との管轄の配分について内国規定とは異なった観点を生ずる。例えば裁判手続（訴訟か非訟か、あるいは調停や和解などの制度面の相違）や適用法規の相違が指摘できる。これは権限管轄の中で行われるべき判断であり、また多くは公序に関わるものである。九二条はまさしくこのような趣旨で内国裁判権の判断を職権で行いうることとしている。このような権限管轄についての判断は土地管轄の問題に先行して行われる。そこで国際裁判管轄については、まず一般管轄の判断が行われ、この一般管轄が肯定せられた後に土地管轄の問題が解決されるべきである。この法的二段階説に依ると、まず最初に国際裁判秩序についての管轄が配分せられるべきまでの段階に於いては権限（職分）管轄の性格であり、その配分決定がなされれば次の段階では国際管轄は（国際民事訴訟法上の）土地管轄の性質を帯びると考えられる。二つの管轄が段階的に別個のものであることを強調しさえすれば、ゴドメタロンの批判を免れることができよう。フランス新民事訴訟法九二条が訴訟事件に於いて土地管轄規定と如何なる整合性を持つかについても法的二段階説に依れば明快となろう。

国際裁判管轄についてフランスを中心として若干の考察を行った。日本では従来の管轄概念に依存することを放棄せず、判例理論はむしろ土地管轄説に依拠しながら条理を推考し、利益衡量を加えたいわば「第三の理論」を模索している。本稿が日本での従来の通説とされた逆推知説を再考する一助となれば望外の幸せである。

（1）　V. Solus et Perrot, Driot judiciaire privé t. II, La Compétence, 2e éd., n° 387.

（2）　V. Batiffol et Lagarde, Driot international privé, 3e éd., n° 669; Loussourn et Bourel, Droit international privé, 3e éd. n° 441. なお付言すれば、Hebraud, Rev. crit. dr. int. privé, 1963. 806 は権限管轄に依拠しつつ、第三の理論に近い見解である。

7 労働審判法について

一　序　章

(1)　労働審判法の成立

労働審判法が、平成一六年五月一二日法四五号として成立し、平成一八年四月一日より施行されている。従来、労働事件の司法審査のあり方は、必ずしも裁判所に十分な環境があったとはいえない[1]。労働事件の重要性に鑑み、諸外国のような、何らかの専門的な司法としての対応が迫られていた時期にあったといって良かろう。このため、司法改革の一つとして、新法の立法化が進められた[2]。また、労働審判制度は日本独自の新しい司法システムである[3]。立法化の審議に向けて二〇〇二年二月に発足した労働検討会[4]では、欧州の労働裁判を参考にした労働参審制の導入も議論された。しかし、この制度は産業別労働組合運動などの社会インフラの違いにより見送られた。そして、労働審判制度は労使対立が生じがちな労働関係の政策問題において、労使の代表と司法が利害対立を乗り越えて創造する新しい制度として発足した[5]。

(2) 司法制度改革

労働審判法は司法改革の一環として成立した[6]。まず、司法制度改革推進本部に労働検討会が設けられた。労働事件に関しては、平成一三年一〇月に個別労働関係紛争解決促進法が施行され、厚生労働省の都道府県労働局が、相談、助言、斡旋を行う体制が整備された。平成一六年度の相談件数は、全国で八二万三八六四件で、このうち、労働基準法等労働法規違反に関する事件を除く労働民事紛争は、その約五分の一（一六万一六六件）を占めた。とりわけ、解雇や労働条件の引き下げについての紛争が多数にのぼる。このような場合アメリカ合衆国では、労働関係については、全て訴訟事件として扱われる。これに対し、ドイツでは、専門の労働裁判所があり、イギリスも雇用裁判所が、専門的裁判手続を扱っている。しかし、これとは異なり、日本の裁判手続では、労働関係専門の弁護士や、東京地方裁判所一九部等の専門部、労働関係の裁判官が存在するのみで、訴訟事件では、労働者の救済や、労働関係の紛争解決のための視点は未だ配慮されていない状況にあった。雇用の多様化に伴った紛争解決制度が、望まれる所である。新しい労働審判法は、個別労働関係紛争を専門とする裁判所による紛争解決制度である。新法での労働審判手続は迅速性を確保するため期日は原則として、三回（労働審判法〈以下法と呼ぶ〉一五条二項）とされ、適正、事案に即した実効性ある裁判手続として立法化された。A.D.R.（代替的紛争解決方式 Alternative Dispute Resolution）が活用されており、労使紛争の円満な解決が図られることが期待される。

司法制度改革では、司法試験改革、ロースクールの設営、裁判員制度等、多岐にわたるが、その一方では、個別労働関係固有の司法上の解決システムとして、改革が目指された。労働検討会では、制度設計として、①労働調停か、②労働参審制か、あるいは、③労働事件固有の訴訟手続か等の提言が審議された。他方、平成一〇年一月一日に施行された民事訴訟法改正における、争点整理や、証拠収集方法、迅速な裁判、より利用しやすい裁判システムの試みが、影響を与えかつ、採用されている。

二　労働紛争の解決

(1)　労働紛争の特質

従来の民事裁判手続では、地方裁判所の民事訴訟の利用が一般的であったが、この民事訴訟を積極的に活用すべしとする見解は少数派であった。[7] より、簡易、迅速、低コストの制度構築が待望されていた。[8] 個別労働紛争解決促進法一条、二条によれば、労働紛争の解決の要請は、第一に、自主的紛争解決、第二に、実情に即した柔軟解決、第三に、迅速さ、第四としては、権利関係を踏まえた解決の四点であるとされる。

労働関係の紛争[9]においては、権利紛争と利益紛争に区分される。権利紛争とは、すでに法により定められた権利や義務の存否や内容に関する紛争である。例として、解雇権濫用（労働契約法16条）等がある。これに対し、利益紛争とは、紛争の対象について、権利義務関係を定めた法的ルールが存在しない場合、労使双方の合意によるルール形成を目的とする紛争である。例としては、賃金のベースアップ交渉が妥結しなかった場合の労働争議等がある。

(2)　労働審判の対象

労働審判法は、権利関係を踏まえた審判を行うこと（法二〇条一項）、異議があれば、訴訟に移行する事（法二二条一項）、などから、権利紛争を対象とすることと、される。[10]

労働審判は、換言するならば、雇用者と労働者の権利関係に関わる個別労働関係紛争を扱う。

具体的には、雇用の終了や、労働条件、解雇、雇い止め、配転、出向、賃金、退職金請求権、懲戒処分、労働条件変更の拘束力等についての、労働問題を扱うものである。

三　労働審判手続

(1)　手続の概要

労働審判制度とは、労働契約の存否その他の労働関係に関する事項に関して、個々の労働者と事業主との間に生じた民事に関する紛争について、調停ないし審判を行うものである。労働関係の専門家（裁判官一名、使用者側の専門家一名、労働者側の専門家一名の三名）により、原則として、三回以内の期日によって（法一五条二項）、調停の成立を試み（法一条）、その解決に至らない場合には、民事紛争について、当事者間の権利関係を踏まえつつ、事案の実情に即した解決をするために必要な、審判を行うものである。即ち、個別労働関係の紛争に関して紛争の実情に即した迅速、適正かつ実効性ある解決を図ることを目的とする、新しいA.D.R.の一種としての労働事件の紛争解決制度である。(11) 労働審判は、非訟手続であるが、申立書と答弁書（及び補充書面）では、書面主義を採用し、期日では、口頭主義を採用した。[12] 書面主義により、効果的な争点整理、証拠調べが可能であり、また、期日では、口頭主義により、審尋など、事案に即した丁寧な審判が為されうることになる。非訟事件では、中立及び陳述については、書面主義か、口頭主義かは選択的とされる（非訟事件手続法八条一項）。この両面を労働審判では効率的に設営している。非訟事件は、事案の探知、証拠調べは職権主義に依るとされる（非訟事件手続法一一条）。しかしながら、労働審判法二九条では、これを準用していないので（法二九条）、労働審判手続では、原則として、当事者主義が妥当する（職権主義とするのは、指揮、証拠調べ等）。なお、労働審判手続は非公開である（法一六条）。また、労働審判委員会の評議は、秘密とされる（法一二条二項）。

新法ではとりわけ、迅速な解決を目指している。期日を三回とするため、たとえば、第二回の期日が終了するまでに、主張及び証拠書類の提出を終えることが義務化されている（労働審判規則〈以下規則という〉二七条[13]）。

審判と調停を包み込んだ手続である、とされるのは、事案に即した解決を可能とする非訟手続のメリットを生かすものだからである。また、三回の審理を原則とするという点も、異議があれば、即訴訟手続に移行する点から、許容されよう。さらに、審判前置主義ではなく、訴訟か審判かは選択しうることから、本来訴訟に依るべきとの原則論からも、評価されることと思われる。

労働審判制度の特色としては、訴訟手続ではなく、非訟手続であることから、判定を行う、紛争解決のための調整的な作用である、とされる。即ち、立法者の一人の春日偉知郎教授によれば、「調停手続を包摂する手続であって、権利義務関係の判定に重きを置いた新たな手続」であるとされる。[14]

(2) 労働審判の位置づけ

司法制度改革による新法の立法では、比較法的にみても妥当な、また日本独自の工夫がなされている。とりわけ個別労働関係の紛争解決のメニューが多様化した。[15]即ち、第一に簡易裁判所での民事調停。第二には、新法による労働審判手続。第三として、簡易裁判所における少額訴訟（民事訴訟法三六八条）。第四に、地方裁判所での仮処分手続。第五に、一般の、民事訴訟である。これらが、司法の紛争解決として選択的に整備されたこととなる。[16]救済方法として、他に、行政の労働局による指導、斡旋等も存在している。また、労働審判で扱われない、集団的労使関係紛争では、労働委員会で行われる。また、三審制との関係では、効率化されているのであれば、解決の幅が広がり、より良い紛争解決システムであるといえよう。

審判においては、権利関係の確認及び、金銭の支払い等の給付を命ずることができる。当事者双方はこれに対し、二週間以内に異議を申し立てることができる。この異議の申し立てにより、審判は失効し（法二一条三項）、審判の申し立ての時に遡り、訴え提起があったこととされる（法二二条一項）。審判は、あくまで、当事者に審判が受諾されて初めて、有効となり、訴訟が本来的、最終的な手続である。訴訟に移行するまでに、円満な解決が図られることが第一義であり、ここに、非訟の役割がある。無論、当初より訴訟を提起することも可能であり、家事調停のように、調停が前置されることが、義務づけられているわけでもない。審判はこのように、地方裁判所における争訟的非訟事件であり、多く、非訟事件手続法の準用がある（法二九条）。

労働審判においては、口頭主義や、証拠調べの集中主義が採用されている。労使双方が、司法手続に関わることから、民事訴訟法が、すこしく修正されている。例として、第一に、弁論主義に関して、労働審判委員会では、当事者が求めた解決案に必ずしも拘束されないこととされている。また処分権主義の点から、手続の開始及び終了について、当事者の意向が反映される。また、適時提出主義（民事訴訟法一五六条）ではなく、一括提出主義が採用され、尋問方式による人証調べではなく、審尋による人証調べが主であり、立証については、立証目標や証明度の設定が行われている。[17]

労働審判と民事訴訟との関連性について一言するならば、労働審判においても、和解と同一の効力が認められ（法二一条四項）、金銭の支払いや物の引渡しその他の財産上の給付を命じることができ（法二〇条二項）、また、審判書には、主文及び理由の要旨を記載することから（法二〇条三項）、訴訟への移行が新法では十分配慮されている。また、本来、両制度は、選択的であることから、両立可能なシステム構築が図られているといえよう。そして、また、審判が非訟手続であることから、当事者の意向と権利関係を踏まえつつ、柔軟な解決が、労働審判委員会によって行われる。また、中立の趣旨及び原因は、民事訴訟における請求の趣旨及び原因に相応するので、実体的なルールの適用や権利関係を重視した解決が為される点で、弁論主義の要素が加味されつつ、訴訟への対応が図られ、調停よりも厳格な判断が行われるであろう。

(3)　労働審判の審理

労働審判法一条によれば、「事件を審理し、調停の成立による解決の見込みがある場合には、これを試み、その解決に至らない場合には、労働審判を行う手続を設ける」としている。即ち調停をまず試み（規則二二条一項）、ここにおいて解決ができない場合に労働審判を行う。さらに、異議がなされれば、訴訟に移行する。争訟性の弱いものから、始め、当事者の本来の主張が徐々に認められる点で良いシステムである、といえよう。また、審判は、和解と同一の効力を有するとされる（法二一条四項）。和解調書に既判力が認められるか、については、争いのある所である。終局的な解決が為され、法二〇条二項が執行力を認めている点、二重起訴の禁止など、司法上の解決を統一的に扱える点で、既判力を肯定したい。

当事者に対する第一回期日の呼出状は、規則一五条によれば、第一回期日前に主張、立証の申出および証拠調べに必要な準備をすべきことが記載される。早期の争点整理の準備が整うこととなる。

また、答弁書は、規則一六条によるならば、次の事項が記載されなければならない。即ち、「申立ての趣旨に対する答弁」（第一号）、「第九条第一項の申立書に記載された事実に対する認否」（第二号）、「答弁を理由づける具体的な事実」（第三号）、「予想される事実及び当該争点に関連する重要な事実」（第四号）、「予想される争点ごとの証拠」（第五号）、「当事者間においてされた交渉（あっせんその他の手続においてされたものを含む）その他の申立てに至る経緯の概要」（第六号）である。このことから、早期の争点整理が、当事者間で、最初からかみ合った形となることと考えられる。労働審判委員会は、速やかに、当事者の陳述を聴いて争点及び証拠の整理を行わなければならない（法一五条一項）。

概して言うならば、第一回期日では、争点や証拠の整理が行われ、第二回期日で集中的な証拠調べを行うこととされる。

まず、第一回期日においての最大の眼目は、争点整理と証拠調べを完了させることである[18]。口頭主義によるならば、実情がよく分かり、簡易、迅速な手続が図られるものと思われる。証拠調べは申立、あるいは、職権により行い得、実効性が図られることとなろう（一七条一項）。証拠調べについては、民事訴訟の例による（法一七条二項）、とされるのは、証人尋問、鑑定、検証、書証の取調べ、当事者尋問、審尋等が為される、ということであるが、労働審判では、簡易に、書証、尋問が第二回期日を利用して、活用されよう。

第一回の期日では、期日前に申立書と答弁書の提出が要請される（規則一四条）。即ち、労働審判官は、答弁書を提出する期限を定め、この期限は、答弁書に記載された事項について、申立人が、第一回期日（これは、審判の申立てから四〇日以内の日である。規則一三条）までに、準備をするのに必要な期間をおいた期日とされる（規則一四条）。

また、第一回の呼出状により、第一回期日以前にあらかじめ、主張、証拠の申出及び証拠調べに必要な準備をすべきこととされる（規則一五条一項）。

労働審判規則二一条によれば、第一回期日では、労働審判委員会は、当事者の意見を聴いて、争点及び証拠の整理をし、第一回期日において行うことが可能な証拠調べを実施する。

より詳細には、証拠調べについては、まず法一五条一項により、労働審判委員会は、速やかに、当事者の陳述を聴いて、争点および、証拠の整理がなされる。そして、さらに職権で事実の調査をし、かつ、申立てにより、又は職権で必要と認める証拠調べをすることができる。

この際、証拠調べについては、民事訴訟の例に依ることとなる（一七条二項）。

これらを二回の期日で行うことが望まれる。スピード感のある審理となり、これには、当事者の理解と協力が不可欠な手続である。

なお、三回の期日とすることに、柔軟性をもたせるべきである、との提言もある(19)。

労働審判では、主文と理由の要旨が記載された審判書の作成が行われる（法二〇条三項）。そして、これは当事者に送達された時に審判の効力が生じる（法二〇条四項）。相当と認められるときは、審判書の作成に代えて、全ての当事者が出頭する期日に労働審判の主文及び理由の要旨を口頭で告知する方法も可能である。この場合は告知された時に審判の効力が生じる（法二〇条六項）。

労働審判は、審理の結果得られた「当事者間の権利関係及び労働審判手続の経過を踏まえて」

（法二〇条一項）行われる。即ち、「権利関係」について当事者間の攻防が行われる。ここで、労働審判の立証段階における一段階説と、二段階説との対立が存在する。[20]

二段階説は、労働審判において、労働委員会は、「権利関係」が証明されて、初めて、事案の実情をも加味すべきであるとする。即ち、まず、第一段として「権利関係」の証明が要求され、これができた場合に第二段に調整要素〔「事案の実情」（法一条）や「労働審判手続の経過」（法第二〇条）に表われた事実〕を考慮して、審判を行うものとする。

これに対して、第一段階説は、「権利関係」につき、証明に至らない場合でも、心証の程度、割合をも反映して、審判ができると解する。即ち、「権利関係」と「調整要素」につき、いずれをも心証形成の程度や割合と併せて総合勘案して審判を行う、とする。いずれの見解に立脚するかによって、審判手続においての立証目標、立証責任、証明度等において、考え方が、異なることとなる。二段階説であれば、民事訴訟と同様に、「権利関係」についての証明を要することとなる。

しかし、労働審判手続においては、労働審判法は、一段階説を採用したものと考えられている。即ち、「権利関係」の証明にまで至らなくとも、心証の程度をも反映させた相当な解決案を審判として提示できることとされる。このことは、労働審判を「個別労働関係民事紛争について、当事者間の権利関係を踏まえつつ事案の実情に即した解決をする」（法一条）ものとされるためである。このようであれば、真偽不明（ノン・リケット）についての判断は、相対的であり、労働委員会に少しでも自己に有利な心証を、程度、度合いとして、得させればよいこととなる[21]。このような証明論も非訟においては、可能であり、特にA.D.R.では、積極的に採用されて良い手法であると考える。

審尋等の立証段階が終了すると、次に調停に移行する。両当事者が、調停案を受諾すれば、その内容が調書に記載される（規則二二条二項）。この調書は、裁判上の和解と同一の効力を生ずる（民事調停法一六条）。

労働審判は、調停をまず、前提とするが、必要的な調停前置主義ではなく、調停のもつソフトな効果が重視されている。すなわち、当事者の意向を尊重することが可能なシステムである。これは、他方で、異議による、訴え提起について、ハードな強い効力が設営されているため、全体として、バランスの良いシステムであるといえよう。このように、制度設計としては、画期的な民事紛争解決制度となっている。

四　諸外国の状況

(1)　アメリカ合衆国

アメリカでは、A.D.R. は当事者が主導権を握る制度として位置づけられ、当事者の意思による自治的解決が重視されているという。[22] アメリカ合衆国は、訴訟を提起しやすくする様々な仕組みもあって、個別労働紛争は、通常の裁判所で扱われている。集団的労働紛争は、全国労働関係局が専属的に、管轄を有する。

また、仲裁や調停といった A.D.R. が広く活用されている。[23]

調停（Mediation）が行われる目的は、紛争の全部又は一部について、関連する証拠や法律のみにとらわれずに、当事者のその他の利益、要求、優先順位等、事件以外の要素を考慮することによって、相互に納得できる合意を形成するためである、という。[24] また、裁判所が、積極的に A.D.R. の導入を進めている理由は、まず第一に、裁判所において様々なプログラムを用意することにより、司法の道を確保するためであり、第二に、A.D.R. によって、事件が終了すれば、裁判所が他の事件に多くの時間を割くことができるためである。また、労働事件では、調停による解決が妥当であるという。なぜならば、労働事件では、法律問題と、非法律問題があり、訴訟や仲裁（Arbitration）では非法律問題は解決できないし、また、労働事件の性質上勝ち負けで決着をつけることは、適当ではないからである[25]。

また、ニューヨーク州での調停では、当事者間での解決のための自由な話合いが行われ、原則としては、一回の期日（時間は三、四時間）で終了する。斡旋（Conciliation）では、雇用機会均等委員会が提示した解決案を受け入れるか否かの選択だけを行うものとされ、期間は、三〇日程度を目標として、当事者が解決案を持ち帰って検討する機会を与えるため、複数の期日が持たれるという[26]。

(2)　イギリス

イギリスにおいては、雇用審判所（Employment Tribunal）が設営されており、個別紛争、集団紛争を共に扱っている。専門的で、簡易な手続である[27]。不公平な解雇（unfair dismissal）、性、民族及び能力の差別、賃金、労働時間及び他の労働条件についての紛争を扱っている。雇用審判所は通常三人のメンバーより成り立っている。審判官は、ソリスターあるいはバリスターを少なくとも、七年経験した専門家である。残る二人のメンバーは労使双方から選出された代表者である。雇用審判所は、本来、雇用についての紛争を解決するため、設営された。雇用審判所は、申立人と被告間の事件に関して、証拠等につき、ヒアリングした後、判断を行う。ヒアリングは、通常の法廷の場合より、形式的なものではない。申立ては、斡旋、仲裁サービス（ACAS）と競合する。

アンドリュー・レカット卿による審判所報告書が、二〇〇一年三月に出版された。[28] このレポートでは、様々な異なった審判所を一つの組織に統一すべきことを提言している。

二〇〇一年八月のチャンセラー卿の報告書はこの提言を配慮したものである。イギリス政府は、これに対し、財源の配分と最高の実践を考慮している。二〇〇三年三月には、担当の省庁が報告書の実施により労働審判所が再構成されるべきことを表明している。

審判所への申立には、適切な期限までに、①申立人の氏名・住所、②被告（使用者あるいは申立のなされる他の組織）の名称及び住所、③救済の求められる理由及び、他の理由、を記載しなければならない。申立が、受理されると、謄本のコピーと被告が記載すべき書類が、被告に送達される。被告が申立を防御するならば、二一日以内に返送すべきことが告知される。次の段階として、通常は、ヒアリングが命ぜられる。そして、当事者あるいは、審判所は、事件のより詳細な文書や、事実の開示あるいは、質問に対する解答を要求してよい。直接的なヒアリングは、事件の争点を確認するため、日程が組まれ、また、事件の処理に必要な他の事項をも扱う。当事者には、少なくとも、一四日の時間とヒアリングの場が与えられなければならない。上訴も認められている。

(3) ドイツ

ドイツでは、個別に独立した裁判所が設けられている。憲法裁判所、行政裁判所等である。労働裁判所もその一つであり、個別労働紛争と集団的紛争の両者を扱う。労使双方から選出された名誉裁判官が、審理と判定を行う、労働参審制が行われているが、実際は、和解で解決される事件が多いといわれている。

日本に於いては、判例が、任命行為を行政行為とすることから、公務員は労働審判の対象とされない。この点、ドイツ労働裁判所法二条一項九号では、「共同作業秩序及び労働関係に関する不法行為から発生する労働者間の民事紛争」を事物管轄としている。[29]

五　結　　語

労働事件は、ひとまず労働審判により、迅速かつ実情に沿った解決が構築された。紛争が実際に解決した、と言い得る為には、事件に見合った解決方法が多様に用意され、その選択には、次に質の問題として、公平、公正、当事者の満足度、コスト、労働環境の事後的な状況の最善の改変、等があり、また、その後の周囲への影響、そして、同種の紛争が再発しないこと等々が、検討され、追求されるべきである。調停のような柔軟な交渉手続の中で、合意形成、ないしルール化が進められ、書面主義というよりも、お互いが耳を傾けて（口頭主義、直接主義）、さらに、これが実際の労働現場へフィードバックされ、労働環境の質が、変革され、前進すべきであろう。

これが、労使双方の利益となり、労働者の救済と正義の追求が貫かれてゆくことが、有益であり、重要である。そのための効率的な紛争解決方法として、労働審判制度がさらに合理的なシステムとして、運用がなされてゆくことが、期待されるところである。そして、組織の調和と安定が、継続的に、修復されるためのさらなる合意形成の進展が望まれる。

裁判所は、労働問題について、紛争解決の場として、今後もはるかに多くの役割を果たしてゆくこととなろう。新しい労働審判制度が今後どのような役割を担ってゆくか、他の利用しうる制度の利用状況の推移と共に、検討を続けるべきであろう。

〔追　記〕

脱稿後『ジュリスト』一三三一号（二〇〇七年）特集の「労働審判制度一年」に接した。

事件数は一ヶ月に一〇〇件弱申立てが行われ（『ジュリスト』一三三一号六頁）、総計で八七七件（同三九頁）。事件の半数は地位確認請求であり、賃金請求、退職金請求等が合わせて三割程。また約七割の事件が調停により解決され、約二割の事件で審判が為され、一割弱の事件が取り下げられている、とのことである（同六頁、菅野和夫発言）。労働者側からもおおむね好評、全国平均の審理期間は七二・九日である（同八頁、徳住堅治発言）。

事件の複雑さに対し、簡易で効率的な扱いが為されていると考えられ、今後更に、発展し有効な利用しやすい裁判制度となることが期待される所である。

（1）　山口幸雄「司法制度改革と労働訴訟の運営」ジュリスト一二七五号六九頁。
（2）　とりわけ労働委員会の意義について、菅野和夫「司法制度改革と労働検討会―労働審判制度のとりまとめを中心に」、横溝正子「日弁連労働法制委員会と労働検討会」、鵜飼良「労働側弁護士から見た労働検討会の成果」、石崎信憲「使用者側代理人から見た労働検討会の成果」。いずれも自由と正義二〇〇四年六月号所収。

（3）菅野、前掲注（2）二一頁。

（4）この労働研究会の任務は、二〇〇一年六月一三日の司法制度改革審議会意見書に示された次の四点であった。即ち、①同意見書が導入すべきものとする労働調停制度の在り方を検討するとともに、②雇用労使関係に関する専門的知識経験を有する者の関与する裁判制度の導入の当否、③労働関係事件固有の訴訟手続の整備の要否、④労働委員会の救済命令に対しての司法審査のあり方、の四点であった。

（5）菅野、前掲注（2）二一頁。

（6）以下・本稿は・菅野和夫・山川隆一・齋藤友嘉・定塚誠。男澤聡子「労働審判制度—基本趣旨と法令解説—」に依るところが多大である。

（7）この点を指摘し、民事訴訟と労働事件のあり方を検討するものとして、村中孝史「労働審判法の意義と今後の課題」法律のひろば五七巻八号三三頁以下、三五頁。

（8）また、企業においても、低コストの制度設営が待たれていた。企業側が、どのように労働審判制度を利用するかについては、矢野弘典「労働審判制度の課題と展望」ジュリスト一二七五号七二頁以下。

（9）労使紛争の現状については、宮里邦雄「労働事件の現実と紛争解決システム—労働者側弁護士の立場から―」季刊労働法二〇五号三八頁以下。
(10) 菅野、前掲注（6）二六頁。
(11) 村中孝史「労働審判制度の概要と意義」季刊労働法二〇五号二六頁。
(12) 菅野、前掲注（6）二〇七頁以下。
(13) なお、労働審判規則については、定塚誠「新しい〈労働審判制度〉の概要と特色」判例タイムズ一一六七号四頁、男澤聡子・岩崎光宏・原佳子・井上英樹「労働審判規則の解説」判例タイムズ一一六七号七頁以下参照。
(14) 荒木尚志「座談会・労働審判制度の創設と運用上の課題」ジュリスト一二七五号二八頁。
(15) 山口幸雄「司法制度改革と労働訴訟の運営」ジュリスト一二七五号六七頁。
(16) 毛塚勝利「労働審判制度創設の意義と課題」ジュリスト一二七五号五九頁。
(17) 定塚誠「労働審判制度が民事訴訟に与える示唆」判例タイムズ一二〇〇号五頁。
(18) 菅野、前掲注（6）一四七頁。
(19) 石川明「労働審判法の成立」法学研究七八巻二号四〇頁。
(20) 定塚、前掲注（17）八頁。
(21) 定塚、前掲注（17）八頁、九頁。
(22) 石井妙子「労働紛争の現状と望ましい紛争解決システム」季刊労働法二〇五号六七頁。
(23) 男澤聡子・岩崎光宏「米国の各種A.D.R.の現状と労働審判制度に与える示唆」判例タイムズ一二〇〇号一〇頁以下。

（24）男澤他、前掲注（23）一二頁。
（25）男澤他、前掲注（23）二〇頁。
（26）男澤他、前掲注（23）二〇頁。
（27）Vincent Keter, "Employment Tribunals", Reserch Paper 03/87 9 December 2003 House Of Commons Library.
（28）Sir Andrew Leggatt, "Tribunals For Users; One System One Service", The Stationery Office, March 2001.
（29）毛塚、前掲注（16）六二頁。

【参考文献】


石川明・三上威彦編『比較裁判外紛争解決制度』、慶応義塾大学出版会、一九九七年。

菅野和夫・山川隆一・齋藤友嘉・定塚誠・男澤聡子『労働審判制度―基本趣旨と法令解説』弘文堂、平成一七年。

鴨田哲郎・君和田伸二・かなめ一郎『労働審判制度―その仕組みと活用の実際―』日本法令、平成一七年。

菅野和夫『労働法』第七版補正版　第五編第三章　裁判所による労働関係紛争の解決手続六八六頁以下。弘文堂　平成一八年。

8

ヘック・概念法学と利益法学〔翻訳〕

一　解　題

二　【翻訳】ヘック『概念法学と利益法学』

第一章　法律学の課題と方法

第二章　技術的概念法学 technische Begriffsjurisprudenz（イェーリングの自然歴史的方法）

第三章　現代の学問

第四章　方法論の重要性

三　補　註

一　解　題

ここに紹介するのは、利益法学の主唱者たるフィリップ・ヘック（Philipp Heck,1858-1943）が彼の債権法概説におさめた「概念法学と利益法学」と題する法学方法論における主張である（Heck, Philipp: Begriffsjurisprudenz und Interessenjurisprudenz, Grundriß des Schuldrechts, 2. Neudruck der Ausgabs Tübingen J.C.B. Mohr 1929, Scientia Verlag 1974）。

いうまでもなく、キルヒマンを祖とする概念法学に対する異議は、カントロヴィッツによる匿名の批判に始まる批判的展開（自由法運動）により法律学における方法論争を生み、とりわけドイツ民法典（B. G. B. 一九〇〇年施行）以来法の完全性（法の無欠缺）のドグマは一層批判の対象となった。また他方、プフタらによる概念構成は精緻さを誇り生活に対する対応は実に不十分なものであり、その反省としてイェーリングの目的法学が現われた。ヘックはこれを受け継ぎ、独自の法獲得論を展開し、第一に概念法学に対しては批判的に法欠缺論及び概念形成論を、第二に自由法運動に対しては裁判官の法拘束をテーマとして論難した。これらは主に、「法獲得の問題」、「法律解釈と利益法学」、「概念形成と利益法学」において論ぜられ（Das Problem der Rechtsgewinnung, 2. Aufl. Tübingen 1932; Gesetzesauslegung und Interessenjurisprudenz, Archiv für die civilistische Praxis, Bd. 112, 1914, SS. 1—318; Begriffsbildung und Interessenjurisprudenz, Tübingen 1932）、またマックス・リューメリン、ミューラー＝エルツバッハ、シュトールらの法学者によっても理論づけられてきた。以下はヘックの主張の概要を示すものであり、とりわけ概念構成による法獲得の方法を唱える従来の学説、概念法学への批判である。

二　【翻訳】ヘック『概念法学と利益法学』

私（ヘック）がこれまで述べてきた（債権法の）概説は、特定の方法論的見解に基づくものである。繰返し論じられたのは、概念法学と利益法学、命令概念と利益概念についてであった。文献上、法学方法論についての見解は対立している。そのため、私は、この補論において私の叙述にとって基準となった方法論上の認識のスケッチを述べようと思う(1)。

第一章　法律学の課題と方法

一　我々の教義的 dogmatische 法律学は、歴史的に生成しかつ伝統的に確定したこの呼び方の意味によれば、医学がそうであるように、実際的学問である。それは、法生活、すなわちまず第一に、司法と行政による法適用に奉仕するために生じ、(2) そしてそれは今日もなおこの非常に重要な生活諸需要を満たしている。それは二つの課題の解決によって、二重の方法でこの目的に奉仕するのである。(3)

a　第一の課題は規範獲得 Normgewinnung にある。この学問は、定立された法規範の適用及び補足を準備する。学者は目の前に現われた利益の紛争 Interessenkonflikte、そしてまた考えうる利益紛争を思い浮かべ、彼の考えに従えば正当な判断を探求しこれを実務のために提示するのである。この課題は規範獲得の問題を設定する。

b　第二の課題は秩序づけ Ordnung、すなわち、生活と法の途方もない多様性についての見通しを作り出すことである。それは、単純化と叙述の課題である。この見通しは、秩序概念 Ordnungsbegriffe、すなわち、共通する特徴を浮彫りにし、そして次から次に総括を繰り返すことにより全体を見渡す体系を結果として生じさせることになる一般概念 Allgemeinbegriffe を作り出すことによって、獲得される。この課題は公式化 Formulierung の問題を設定する。

二　この課題の解決のために、法の二つの異なった側面、すなわち命令的側面と利益的側面を明らかにする法の二つの考察方法が奉仕する。

a　法は、それを我々の考察の対象に組み入れるならば、直接的に五感によって認識しうる世界に属するのではなく、意識内容に、より正確には意思決定的な表象、命令表象ないし当為表象に、宗教・道徳・習俗の規範とともに、規範に属するのである。このような分類は、法の命令的側面を明らかにする。法律は効果の実現を欲する命令である。法による生活関係の規制は具体的な命令形象 Gebotsgebilde を産む。一つの命令の個々の内容の関連はその命令の「構成」Struktur と呼ばれ、そして命令内容に向けられた研究は構成的考察と呼ばれうる。その考察は、法律学の内部において、病人を扱う学問では解剖学に帰せしめられるのと同様な使命をもっている。

b　我々が法規範の生活上の意味は何かとさらに問うならば、利益的側面が法の命令的側面のそばに歩み寄る。法規範は人間社会（共同体）の利益を保護しそのことを通じて人間社会の生活上の需要を確保する。共同体の利益にはその構成員の利益もまた帰属している。法は共同体においてかかわりのある個人の利益を整序し、個人的利益相互の、また直接に共同体利益との画定を行う。法が保護を与える利益は非常に多様である。勿論物質的な利益のみならず、社会全体や個人の観念的財、倫理的価値についての欲求も十分に問題となる。法の作用、すなわち法の機能は生活財を保護することにある。利益的方面の考察は、利益探究 **Interessenforschung** 或いは機能的考察方法と呼ぶことができる。利益的方面の考察は、もし医学の中に比較を求めるならば、その対照を心理学及び生理学に見出す。

三　学問的作業は常に概念形成 **Begriffsbildung** によって遂行される。この意味において利益法学もまた当然のこととして概念を形成し概念を使用する学問である。研究者の考察は諸表象を生み出し、その表象が大なり小なり決定的な表現をとるならば、それは概念となる。このことは、言葉ないしは言葉複合の結合をもって行われる。我々が法から形成する概念は、一方では、命令概念ないし構成概念 **Gebots= oder Strukturbegriffe** であり、他方では、利益的側面の概念、すなわち利益概念 **Interessenbegriffe** である。二つの異なった考察方法は（上述二 a、b）それに応じて別個の概念系列を生ぜしめる。この対立は全法領域に及び、そしてそれ故個々の考察の際に到るところに繰返し現われる(4)。構成的考察は、要件、法内容、法律効果等々を明らかにし、機能的考察は他方において、利益状況 **Interessenlage**、利益衝突、価値判断、価値理念を明らかにする。確立せられた用語法に従えばしかしながら、命令概念のみが、「法概念」**Rechtsbegriffe** と呼ばれ、当然あらゆる法律学によって形成されまた使用されているにもかかわらず利益的側面の概念はそう呼ばれていない。

四　構成的考察及び利益探究（上述二）という二つの考察方法は両任務（上述一）にとって今や非常に異なった意味をもつ。

a　規範獲得のために両考察方法は結合せられねばならない。特に利益の探究は何としても不可欠である。立法者は生活上の利益を満足させようと欲し、裁判官は立法者をその際に助力すべきものである。しかしながら利益状況の多様さが立法者による余すところなき規制を不可能としている。法律は不確定で欠缺あること lückenhaft が不可避である。それ故、判決は補足的に介入すべきであり、学問（学説）にあっては正しい規範獲得を準備することが望まれる。命令の正しい実行及び捕足は、命令の基礎及び命令の目的を認識することによって可能となることは一般的生活経験である。利益に適した規範の獲得は、それ故立法者によって観察されまた生活上見出される利益状況を探究し、そして現存しまた立法のため提示されるべき法規範の利益効果 Interessenwirkung を眼中に捉える場合にのみ、学問にとって可能となる。この研究課題を中心とするこの傾向のためには利益法学 Interessenjurisprudenz という呼び名がふさわしい(5)。

b　体系の構築 Systembildung のためには命令概念が前景に立つ。伝統的でまた十分理由のあることだが、一般的な秩序概念の構築のためには、すなわち体系をつくるためには命令という側面から人は出発する。我々の承認された体系は命令体系であり、そしてそれ故そこで使われている秩序概念は命令概念ないし構成概念である（例えば債務、損害賠償請求権、不当利得返還請求権、物権、地役権、物上負担）。正しい体系形成は法領域の見通しをきかすために重大な意味がある。しかし、新しい規範の獲得 Gewinnung neuer Normen には役立たない。すでに存在するある財産のたくわえを見通しがきくように秩序づけることはその財産を使うのに極めて有用でありうることは一般的な生活経験である。しかし、分類と秩序づけによっては新たな財産を作り出せないことも一般的な生活経験である。この経験則は法律学においても、また確証される。(6)

第二章 技術的概念法学 technische Begriffsjurisprudenz
——イェーリングの自然歴史的方法——

一 十九世紀のドイツ法学においては法律学の課題を別様に、把え、そして正確な定義づけと普遍的秩序概念の構築にもっぱら研究の重点を置く方法論的傾向が支配的であった。そのもっとも詳細な叙述者であるイェーリングは、この傾向を「高い方の法学」höhere Jurisprudenz 或いは「自然歴史的 naturhistorische 方法」と呼んでいる。この傾向に対する反対者達は「概念法学」

或いは狭義の、技術的意味における「構成法学」konstruktive Juriprudenz という表現を用いている。

二　この傾向の出発点を形成したのは、歴史学派の主張であった。歴史学派は、一般的な命令概念は民族精神 Volksgeist の中に生じ、民族精神が法命令を生み出すと主張した。(7) そしてこれに厳格な実証主義 Positivismus が加わった。この実証主義は裁判官を法形成から閉め出し、法律概念の下への事実の論理的包摂にその仕事を限定する。この根本的な見解は、他の原因と結びついて重要な結論を導いた。この結論は、一部はなお根本見解の放棄の後にも固持された。これらの推論の一つは法秩序についての完結性 Geschlossenheit の理論であった。もしも普遍的な命令表象をすでに知られた法規が生み出したならば、この基礎から、さらに新たな法規が獲得されるはずである。それ故、法律 Gesetz には欠缺がある、しかし法 Recht には欠缺がないといわれた。法律の欠缺があった場合には、裁判官は、現存する実定規定から、その基礎にあると考えられる概念を引き出し、それを「構成し」konstruieren、そしてその後にこの一般的な概念から下って、一見欠けているとみられる規範を手に入れることになる。(8) この手続は「構成による欠缺の補足」Lückenergänzung durch Konstruktion 或いはまた（その反対論者からは）「顚倒法」Inversionsmethode と呼ばれている。この方法で法規を獲得せんとする期待は、学問上の研究様式に対して、決定的な影響を及ぼしている。

三　この傾向を最も明白に叙述したのはイェーリングである。(9) イェーリングは低い方の法学と高い方の法学とを区別する。低い方の法学は、法律の解釈と整序に従事し、高い方の法学は構成概念の形成及びそれを法体系に構築すること、イェーリングのいうところによれば「構成」に従事する。特徴的なこと、すなわち他の全ての規範科学からこれを区別することは、しかしながら、高い方の法学にとっては、それがこの概念を他の学問のように単なるまとめとして取り扱うのではなく、独立の存在として、丁度自然科学がその対象たる物体にそれを書き加えるように、客観的な特性が書き加えられるところの法的物体 Rechtskörper として取り扱うというところにある。(10) それ故、イェーリングは、彼の高い方の法学を自然歴史的方法とも呼んでいる。概念形成のための基礎となるのは、実定的な素材として、確立している規範のたくわえであるが、しかしながら一度獲得せられた成果、すなわち法的構成は持続的に獲得された認識として固持され、また新たな問題に直面して利用されうる。もしも債務者の意思に債務の客体を認めると決めたならば、それより先の法原則をこの公式から推論しうるであろう。同様に、選択債務の内部構成の表象から、また同様に、連帯債務関係における債務の単一性或いは複数性から、法原則が推論される。従って、イェーリングは高い方の法学の価値を二つの長所にあると考えた。(11) すなわち、（それは彼によれば）最も見通しのきく、かつ最も圧縮した叙述形式であり、そして新たな素材のくみ尽しえない源泉なのである。というのは確立せられた法的物体のうちに、新しい問題の解決と法律欠缺の充塡のための基礎が獲得されたからである。

四　イェーリングの高い方の法学は方法論としては拒否されるべきである。ただ彼が「低い方の法学」**niedere Jurisprudenz** と呼ぶその手続だけが、正当な学問である。新たな素材の尽きることなき源泉として体系形成を把握することは、法律規範が完全なただ考究されるだけの構成概念の体系からの推論として生ずることを前提としうる場合にのみ許されるであろう。この前提は成り立ちえず、また立法者は生活需要を満たし、利益衝突を解決したいと望んでいることは確かなので、秩序概念の創造的な利用は是認されえない(12)。すでに存在する規範がある方法で総括されるという状況が、観察されていない利益状況の解決のために何故決定的たるべきかということは察知されえない。新しい規範は、法律規範と同様に、かかわりのある利益の調査と評価を通して獲得される場合にのみ、それは生活需要を満足せしめ得る。自然歴史的方法は今日はとんど一般的に拒否されているが、しかし、それは、最近新しくバウムガルテン(13)によって擁護されており、彼の所説を取り上げることは、私の考えでは、この手続の是非の評価を確実なものとするために特に適したものと思われる。

五　バウムガルテンは立法に際しても、学問的叙述に際しても、彼が「移調的手続」Transpositionsverfahren と呼び、そしてそこに彼が「概念法学の最も固有の補助手段」das eigenartigste Hilfsmittel を認めるところの手続を観察しうると信じている。この手続はバウムガルテンによって「自然歴史的方法」と同列に置かれ、この手続に彼はイェーリングの理論の正当な核心を見た。或る疑う余地のない正当な考察が出発点を形成する。すなわち法学は、法的事物や法的現象を指称するために物体の世界とのかかわりに起因するところの言語（物体の言語 Körperworte）を用いるということは、明らかなことである。我々は、債権、債務の成立 Entstehung、譲渡 Abtretung、引受 Übernahme、終了 Aufhebung、消滅 Untergang、さらに契約 Vertrag、扶養義務 Unterhaltspflicht、時効の進行 Lauf、代理 Vertretung 等々という言葉を使う。バウムガルテンはこのような現象の中に、自然法則により支配された物体の世界、すなわち有体物の領域へ法的事物を移転することを見た。この移転 Übertragung、すなわち移調 Transposition により、新たな規範が獲得せられる。バウムガルテンによれば、法律家が物体の世界への移転に固執し、また物体の世界の法則から法規の内容への影響を受けるということは、慣用的であり、かつ正当なことである。移調による規範の獲得は今日でもなお慣用的であり、かつ正当なこととされる。そこで、もし「誤った顚倒法（ヘック）は各方面で放棄せられた旨主張される」ならば、それは誤りとされる。

六　バウムガルテンは正しい認識を不正に意味づけているように私には思われる。かの物体の言葉の使用に包括されるものは用語以外の何ものでもない。その本来の意味において物体の世界にかかわるところの言葉は精神的事物に用いられる、しかしそれは「流用的な Übertragener 意味において」である。言葉は一個の一致する表象要素 Vorstellungselement が繰り返され、また他の原初的な ursprüngliche 表象諸要素が除外されることによって、利用される。[14] 現実に存在するのは法的表象（観念）の変更ではなく、流用的意味での言葉の使用である。

かような物体の言葉の使用は法律学に固有の補助手段でもなく、いわんや法律学の或る傾向、すなわち概念法学（に固有）の補助手段でもない。日常の用語においてもほかの精神科学の用語においても、到るところその使用は見出される。宗教史家が宗教的表象 Vorstellung の運命 Geschicke について叙述しょうとする場合、彼はその表象の発生 Entstehung について、その伝播 Verbreitung について語ることができる。つまり、彼は何かある公会議で激しい論争が燃え上った entbrannte こと、そしてその新たな観念は熱烈な feurige 擁護者を見出したが、敗れ去り unterlag、鎮圧され unterdrückt、そして消滅した erlosch ことを報ずることができる。これらは純粋に物体の言葉であるが、宗教史家は一瞬たりとも宗教的表象を物質の世界へ移転することを考えたという必要はない。いわんやバウムガルテンはそれを自明のこととするが、その宗教史家は用いられた言葉の未来の語義から新しい認識を得るという考えに思いつきもしないであろう。公会議の日が不確かでありそれを探求しなければならない場合、「論争が燃え上った」、「熱烈な擁護者」という言葉が選ばれたからといって、歴史家は「雨の日」を排除することはしないであろう。

法律家においてもまた、物体の用語は流用的意味において用いられるが、指称された法的表象のいかなる変更もこれに結びつくことはない。「時効の進行」„currere"（「走ること」）der „praescriptio" というのは古い用語法であるが、未だそこから時効は「足」を持っているという結論を導いた法律家は存在しない。法律家はまさに「進行」Lauf という言葉を流用的な意味において用いることを知っているのであり、従って時効を生物集団の中に組み入れるなど思いもよらないのである。法律家が代理 Stellvertretung という場合、この言葉がその原意からいって足の運びを前提とするといういかなる意識も法律家はもつものではない。

しかしながらまた、用語の問題が存在するだけだという認識をもてば、この用語から法規を演繹するという誘因は全くなくなる。流用的意味における言葉の使用可能性、すなわち共通の表象要素の存在が確定されることから、この言葉は他の意味、すなわち原初的意味においてもまた使用されうる、つまり排除された表象諸要素さえもまたこの言葉の中に存在するということはいまだ結論とされない。従って排除された物体の意味は再び組み込まれることは許されないし、それから先の推論の基礎に用いられることもできない。確かに、法律学においてこのような現象は見出されるが法律学以外においても同様である。何か或る言葉をまず最初に或る意味で使い、その後に、次の推論を引き出す際に無意識に或いは意識的にさえも或る他の意味に擦り替えるということは日常でもまた屢々生ずることである。このような手続はすでに古い論理学において観察されており、概念の擦替え quaternio terminorum, Begriffsvertauschung として記録されていた。イェーリングの自然歴史的方法、すなわち移調による規範獲得はそれ故、論理的に分類するならば、体系的な概念の擦替えによる規範の獲得にほかならない。この手続は従って、（法律学に）固有のものではなくて、何か人間一般に共通することである。しかしこの手続は（法律学の）外では詭弁 Trugschluß のうちに入れられる。この手続は思考の誤りであり、したがって考える人を追求されている目標に導くのに適切でないことについては他の世界では何ら疑問の余地は存在しない。法学においてはこれに反してまさにこの誤ったやり方が利益促進という目標に導くというための証拠は何ら提出されなかったし、また提出されえない。出てくる結果は反対である。選択債務について語られるときに、それは複数の内容を有するということは、誰も異議を唱えない。しかし、この物体的表現方法から、物体の世界の法則に従って、債務の一つの内容が履行不能となった場合、履行のために債務の他の内容しか残らないという結論を引き出すならば、我々は利益に反する規範をもつことになる。

七　バウムガルテンは彼の著作の第二巻で[15]顛倒法の再論を行っている。彼がいうように、この顛倒法はとくに多くの矛盾を見出していた。彼はこの手続を維持し、そこに概念の擦替えの方法を認めるのではなくて、一種の類推適用 Anwendung der Analogie を認めているが、しかしこのために合理的な論証は与えられていない、とする。その適用は従って非常に制限的である。この方法での規範獲得は、目的的な法発見が役に立たない場合において初めて取り入れられるべきものであり、従って要するに、本質的基礎を欠く場合にのみ行われるべきものである、と彼は説く。この類似的治療法としての希釈化 homöopathische Verdünnung は、債権法について既に排斥されたと等しいであろう[16]。しかしさらに進んで、あらゆる規範は利益効果をもっており、概念の擦替えはこのような効果にとって何ら「十分な根拠」zureichender Grund ではない。言葉の効果はさらには言葉の選択に依存し、そして、その言葉の選択は自由なのである。それ故この移調の手続は事実上中立的な立場（もしそのような立場があるとすれば）にある批判的判断者にとってはいかなる規範も生み出すものではなかろう。法の発見の自然歴史的方法はその呪文を信ずる人のみを助ける魔法 Zaubermittel に属する。

八　イェーリングの高い方の法学は普通法の時代にもただそれのみが支配していたわけではない。しかし、それは学問上の研究方法にきわめて決定的な影響を及ぼしていた。その作用は三つの方面で不利に働いた。すなわち、利益に適合した規範の獲得を妨げ、過度の概念論争を惹き起し、そして利益探究を抑圧した。

a　規範獲得は、この方法の不正なことから予測される程には妨げられていない。大概念の不確定さが異なった整序と異なった公式化との間で選択を許容した。判断の理由の下に結果の合目的性もまた顧慮された(17)。このような場合においてそれ故規範はまず第一に利益効果に従って形成され、その後にこの目的のために形成された概念からの推論として規範が設定された。このような手続は「隠れ社会学」Kryptosoziologie と呼ばれた。「外見上の構成」Scheinkonstruktion 或いは「概念の仮装」Begriffsmaskerade という表現もまた適切であろう。この間に合わせの方法は十分ではない。何故ならば、規範の目的合理性は複数の考量のうちのただ一つの考量にすぎず、そのすべてを顧慮することはこの方法によっては追求、確保されず、むしろ根本では排除されたからである。「隠れ社会学」は従って全体として例外的現象であった。

b　概念形成に対しての害悪は著大なるものであった。学問的作業の中心に、正確に確定した命令概念の獲得及びこの概念の体系への整序 Einordnung が入ってきた。研究されたのは、全ての個別の要素がしっかりと確定された上での法制度の「法的性質」すなわち法的事物の「構成」を問う問題であった。これらの概念要素へと研究が集中したことは全く理解しうることであった。何故ならば、制度の概念から、構成から、現存する法規範は解釈され erklären、また欠けている規範が獲得されなければならないからである。それ故、定義や命令表象の区分 Gliederung（構成の問題）について実に活発に議論がなされた。その際しかし、公式化の問題は認識問題 Erkenntnisproblem として扱われた。様々な理論が樹立されたが、しかし、常にただ一つのみが正しいものとして擁護され他の全ては正しくないとして論難された。以上の理由から、かのおびただしい概念論争及び構成論争[18]が生じた。それは、普通法時代の民法学者の文献にとって特徴的であり、素人をも外国の法律家をも驚嘆させた。

c もっとその危険を重大に考えるべき対象は利益探究をなおざりにすることであった。法と生活とのかかわりについての叙述、利益状況の調査や価値判断は背後に置かれたままである。それらは無論、全く欠けていたというわけではない。多くの法律では確かに追求せられた目的は明白であった。しかしながら生活上の効果や関係諸利益の考察は、本来法律学上の作業の対象とはされなかった。原則として生活上の諸需要は規範の成立のために原因的 kausal とはされず、またそれらは適用のために原因的であるはずはなかった。或る規定が「単なる合目的的配慮」に帰せしめられるならば、それは多くの著者にとって遺憾な非常手段と思われた。学問の任務は、概念を構成しそこからの帰結として確固たる法規が明らかとなるようにすることであった。それ故、機能的な考察方法は全く後退した。ヴィントシャイトの教科書のようにあれ程卓越した著述にあってさえ、法制度の生活への作用についてはただ例外的に説き及んでいるにすぎない。

第三章　現代の学問

一　現代の学問では、実に多様な方法論上の見解が主張されている。それにも拘わらず一般的に総括していえば、技術的概念法学に反対する立場が優勢であるということが可能なように思われる。このようにいうことは、根本原理と派生的効果 Folgewirkungen とで区別を設けなければならない。根本原理、すなわち法秩序の完結性の理論や顛倒法による規範獲得の理論は、最早今日では擁護されない。（法に）欠缺が存在することについては最早異論はない。同様に、旧来の顛倒法が個別的な問題の解決に当ってなお適用されることが稀れでない場合でさえ、利益に適合した規範形成による補足の必要性についても異論はない。それ故技術的概念法学自身は、今日克服されている。これに反し、学問的作業への影響は現代の学問においてもなお極めて広汎に指摘される。

二　旧来の方法の根本原理には擁護者が見出されないという立言は、移調的手続についての先に述べたバウムガルテンの論述によって否定されていない。バウムガルテンは、既に言及したように、第二巻で彼の移調的手続についての好意的な評価をかなり制限し[19]、最終の結論において、先に技術的概念法学ないしイェーリングの高い方の法学として拒絶された推論を、顛倒法を含め[20]、「概念崇拝」Begriffskultus と呼んで、きっぱりとこれに反対している[21]。

三　法律学上の論述の対象の選択やその取扱いへの旧来の方法論の影響（派生的効果）はなお広汎に及んでいることが認められる。一つの明瞭な例証を、この春に出版されたエルトマンの注釈書の第二巻における彼の主張[22]が提示しており、そこでは彼は七九四条の規定を創造説に賛成し、契約説に反対して解釈している。エルトマン曰く、「或る規定が他の或る理論を論理的に貫徹することによって導き出せるときに、その規定を容易に特別規定」（取引安全の保護を理由とする）「として処理することは――はなはだしく危険なことである。最も重要なテストに当って役に立たないような構成は無意味であろう。」このような主張は、技術的概念法学の時代には学問的作業方法にとっての主導命題として奉仕しえた[23]。しかし、この主張は、最近の多くの点で実に優れた著述に含まれており、今日の大部分の論文にとって遵守されてきた原理とみなされうる。しかしながら、まさに所論の反対こそが正当である。取引の要請に応ずるために公布されたことが明らかな規定をこの歴史的基礎に文字通りに引き戻すことは、「はなはだしく危険な」のではなくむしろ絶対に必要なのである。生活関連 Lebenszusammenhang を認識することによって初めて、法の正しい適用とその利益にかなった法の推進形成 Fortbildung とが可能となる。学問が生活関連を覆い隠しそれにより法適用の任務を阻害することについていかなる理由がこれを是認しうるであろうか。法規を或る理論の貫徹の結果として主張することは、現実に法規がそのようなものでない場合には、推賞されるべきではなく、単に誤りである。このような規定の公式化は旧方法論の支配下においても正当ではなかった。しかしそれにも拘わらず、このことによってより先の法規範がそこから引き出される一つの基礎が獲得されるために、重要であった。しかし、法獲得についての以前の方法論の放棄をもって、この演繹的叙述の保持のためのいかなる正当化もその理由が失われた。それではこの偽装は何を企図するのか。しかもこの不正な手続は、エルトマンによってのみならず、他においても広く使用されている。利益状況と利益効果にたずさわる仕事が今なお軽視されている。相変わらず、概念の形式化は、秩序概念のみが問題となっている場合であっても認識問題として論ぜられ、方法論的にまちがって方向づけられた論争問題の対象として取り上げられている。

四　概念法学の影響は、規範獲得をも害している。法を生活需要に応じて推進形成することを理論上承知している者でさえ、利益状況や利益効果の考慮を欠く場合には、この目標を見失うであろう。利益探究のみが法律の文言や概念構成に対して法にとって不可欠な独自性を与える。利益探究を遂行しない者は判断に当って法律の文言や概念形式によって惑わされる危険に陥り、また、形式づけの問題を認識問題と考える者は、苦心して獲得した知識を法発見に際しても利用するという誘惑に陥るであろう。[24]

五　今我々がこの債務法の分野を概観した際にも旧方法論の多くの影響に出会った。典型的な顛倒法、すなわち概念の擦替えによる規範獲得さえも見出され、しかも重要な事例についてライヒ裁判所の判決の中にも見出される。[25]間接的な影響がより重要である。旧見解は法律のいくつかの規定を解釈している。[26]今なおそれは、過去の法律の理解につき決定的な影響を及ぼしており、[27]同様に現行法の取扱いについても、利益に適合した把握の閉出しや不当に論じられた概念論争の錯綜によってなお影響を及ぼしている。この両者につき、この概説が幾多の例証を与えている。

(1)利益探究の強調が重要なものと思われる多数の問題の中で、私は次の事項をとくに取り上げたいと思う。それらは、特別的責任限界 spezielle Opfergrenze の理論（§28）、不能の取扱い及びそれにかかわる論争問題、例えば、履行不能 Unvermögen の概念をめぐる論争問題（§30 末尾以下）

の取扱い、信託的譲渡及び最大限譲渡 Maximalzession（§68）、さらに、債務引受の把握（§70以下）、現実行為の位置づけ（§80 Nr. 6）、利息付消費貸借の双務契約への組入れ（§107）、共有関係の分析（§122）、不当利得の把握とその私法秩序における位置づけである。⑵誤って導びかれた概念論争の古典的な例として挙げられるべきは、連帯債務 passive Gesamtschuld の単一性及び複数性についての論争問題（§78）及び指図証券及び無記名証券における債務の成立についての論争問題（§137）である。この二つの場合において、論争は、概念構成により適用可能な規範を獲得するという期待から生じた。二つの場合に論争が執拗で終わることがないのは、形式づけの問題が認識問題としてかつて扱われ現在も扱われていることに基づく。そして、両者において異なった形式づけが許容されることが認識されるや直ちに問題は解消する。他の例証を、弁済を法律行為であるとする理論（§57）及び相殺における構成の問題（§61a Nr. 8 u. 9）が提供する。

六　同一性をめぐる問題 Identitätsproblem が公式化論争 Formulierungsstreit の豊富な源泉であることが証明された。「同一性をめぐる問題」は、二つの命令形象が存在し、それが一部は一致した要素を、他の一部は異なった要素を示すという場合に惹き起こされる。それには二通りの場合がある。すなわち、二つの命令形象が同時に存在する場合においては構成区分（組立て）の問題 Gliederungsproblem として、それらが時間的に相継ぐ場合においては継続性の問題 Dauerproblem として現われる。第一の場合の一例を連帯債務（§§78, 79）が、第二の場合の例を債権譲渡（§69）と債務引受（§72, 4）が提供する。異なる形式づけの可能性は、一致と差異とが際限なく多様な段階で現われうること、そして特定の基準のない一般的な評価は何ら確固たる境界設定を提供しないということから、明らかとなる。従って、このような問題は一つの具体的な法規範の目的を考慮する場合においてのみ確実に判断される。しかしその場合にもなおこの（特定の）法規範に限ってのみ、判断されるのであって、決して一般的に行われるのではない。このような基準に対する顧慮がない場合には、現に存する相違は別にして同一性がある或いは継続しているというか、或いは逆に一致する諸要素は別として複数のものがありそして変更しているというかは、どちらも同じことである。(28)

七 大きな法領域 große Rechtsgebiete（私法、公法、訴訟法等）への法律関係の組入れに伴って生ずる問題の範囲で旧根本見解の間接的な影響が現われていると、私には思われる。一つの領域での根本原理の二重の位置づけ及びその類推適用さえもが他の領域の法律関係のためには拒絶される。(29) 最も一般的な構成がまた最も深く進んだ構成であると理解すること、あたかもそのような構成を自然界、動植物の自然の体系と対置することが、なるほど旧方法論に妥当するであろう。しかし、この比較は適切ではなかろう。大きな法領域は、特定の問題のために特定の基準を考察することによって完成された集団の形成である。他の問題についてはそして他の基準に従えば、これとは異なった、これに交叉する分類が生じうる。利益の画定を考慮する場合には、ライヒ公務員の宿舎の法律関係は、ライヒ議会の決議に対するよりは、（一般の）賃貸借法律関係により多くの共通点をもつ。訴訟上の和解の制度は、生起している利益衝突の考慮においては、執行官等の制度よりは遥かに裁判外の和解に類似している。

八　債務法の領域に対すると同様の考察が他の法領域についても明らかとなる。現代の学問に対しても、利益法学特有の方法を強調することは正当である。それは、もう一度注意しておかなければならないが、二つの要請を示す。すなわち、根本的には一貫して行われる利益探究の要請と概念論争に対する批判的態度の要請である。債務法領域での二要請の遂行に上述のこの概説は奉仕する。(30)

第四章　方法論の重要性

方法論の叙述の理解は、初心者にとっては、一般に特別困難なことに属する。初心者には経験と、拒絶され或いは推賞された思考過程の知識が欠けている。そして彼に要求されるのは、抽象的考量である。しかし、方法論の問題については、初心者にとっても最初からこれに親しむことが大切である。彼は、自分の作業を徒労に帰せしめることを望まないならば、自分の行動の方法と目標について自覚していなければならない。というのは、私の確信するところでは、方法論の問題は最も広汎な範囲に及ぶ対立にかかわるからである。文献において詳論されている全ての重要な問題において、また法律事件の裁断において、二つの根本見解から生ずる要求が現われる。

現在では、法律学や裁判に対して多くの方面から、生活から遊離しているとか形式主義という非難がなされている。今日基本的には支配的になっている傾向に対してこの非難は正当ではない。しかし古い概念法学に対してはこの二つの非難がまさしくなされて然るべきである。今日我々を悩ましているのは、一部は我々の概念法学を信奉した先輩達の罪である。この古い誤ちの効果 Auswirkungen を意識的に除去する場合にのみ、我々はこれらの非難の力を殺ぐことができる。

大きな譬えを用いることが許されるならば、今問題となっている（二つの）根本見解を明らかにするために、プトレマイオスの世界像とコペルニクスの世界像の対立を引合いに出したいと思う(31)。以前の天文学にとっては地球が宇宙の中心とみなされていた。新しい天文学は地球を王座から退け、地球の太陽に対する依存を証明した。古い概念法学的に方向づけられた法律学は、構成概念の厳密な形式づけに法律学の主要任務、すなわち法律学の中心を認めた。法規範は、この一般概念から演繹された。最近の（新しい方の）法律学は、秩序概念を法律学の中心的地位から駆逐し、秩序概念の差当っては規範への従属、最終的には利益状況への従属を論証した。王座から退けられた秩序概念に代わり、生活が、その利益状況及び利益の衝突を伴って、法律学の中心的な対象として、いいかえれば研究の対象として、また法創造的秩序の対象として登場した。

（1）私の方法論上の見解についてのより詳しい論述は、次の文献に示されている。„Das Problem der Rechtsgewinnung“ 学長演説テュービンゲン、一九一二年、„Gesetzesauslegung und Interessenjurisprudenz“ AcP. 一一二巻（一九一四年）、„Die Grundlagen des Rechts“ in Bauser, Staatsbürgerkunde 一九二一年及び „Die reine Rechtslehre und die jungösterreichische Schule der Rechtswissenschaft“ AcP. 一二〇巻（一九二二年）一七三貢以下。この方法はとりわけ私の論文 „Das Recht der großen Haverei“ 一八八九年に一貫して実践されている。簡潔なまとめは Juristenzeitung 一九〇五年 Sp. 1140、一九〇九年 Sp. 1457 に書かれている。

（2）この概説もまたこの活動のための準備に充てられているので、法律学に属する他の分野についてはここで触れられなくて差支えない。

（3）これら二つの課題は、理論的な仕事の初めから既に現われている。我々は説明と要約（glossa und summa）が並んでいるのを見出す。

（4）参照：例えば債務の二つの概念について §1 Nr. 1 及び 2、不法行為の二つの概念について §145

Nr. 1、更にその他の到るところで法概念と利益概念が常に対置される。〔補註参照〕

（5）　概念法学の対立物のために用いられる名称は様々である。利益法学のみならず、目的論的、現実的、或いは社会学的法学という名称も用いられ、また不正にも自由法運動ともいう。また「評価法学」wertende Jurisprudenz ということもできるであろう。何故ならば、利益とはまさに財に対する欲求であり、それは価値に向けられているからである。利益の保護は諸々の価値の承認である。しかし、新しい方法の中核、その正しい集約は、私の考えによればやはり利益法学の名称によってよく表現されるのである。

（6）　学問上の一般概念を通覧をきかす目的に減縮することから、この概念の公式化についての広汎な自由が生じる。同一の利益画定、同一の命令複合のために多様な概念構成が同様に許容されうる。その際、それら概念構成のうちのいずれもがそれ固有の長所をもちうる。一方であらゆる場合に正しく当てはまる定義を作り出すことは望ましい（限定的構成 determinative Konstruktion）。しかしまた、典型的な主要な場合を強調し、例外を黙過する概念規定もその価値を有している（典型的構成 typische Konstruktion）。様々な規定を並置するときに、叙述の目的は、それぞれの事情の下で完全に達成されうる。異なった表現がとられるが、しかし同じく通用する公式化の可能性、科学上の構成の等価性 Äquivalenz wissenschaftlicher Konstruktionen が広い範囲で明らかとなる。参照：§137. その他の例については事項索引 Äquivalenz の項参照。〔補註参照〕

（7）　参照：例えば上出 §3 Nr. 4 Anm. 1、ローマ債務法とドイツ債務法の差異、§24（債務と責任の法規範成立についての原因説）、§69（債権譲渡）、§72（債務引受）、§122（構造表象 Strukturvorstellungen によるドイツの共同関係形態の説明）。

（8）無記名証券の成立についての論争問題の経緯に関して上出 §137. さらに参照：§5 Nr. 3 c, §9 Nr. 8, §10 Nr. 4 以下、§57 末尾、§79, §80 Nr. 6, §144, 4 その他。〔補註参照〕

（9）Geist des Römischen Rechts, II, 2, S. 358 ff. 自分の研究に真剣に取り組む法律家なら旧方法のこの輝やかしい叙述を読むことをなおざりにできるはずはない。

（10）前掲書（イェーリング・ローマ法の精神Ⅱ巻）三六〇頁。

（11）同三八三頁以下。

（12）顛倒法の誤りは、それが帰納的に〔原文 induktiv〕手続が行われるからではない。利益検査 Interessenprüfung による欠缺補足もまた、既存の法律の判断から或る価値判断を引き出し、規制されていない利益状況へその判断を移すことによって、帰納的に行われる（類推適用）。しかしながら差異は次の点にある。すなわち、価値判断においては、歴史的に原因となった要因が重要であるのに、概念法学的顛倒法は全く原因となっていない要因を用いるという点である。参照：AcP. 一一二巻三一一頁以下及びそこで註四八五に挙げられている例。〔補註参照〕

（13）A.Baumgarten, Die Wissenschaft vom Recht und ihre Methode, Ⅰ巻一九二〇年、Die theoretische Grundlegung, §16 Die Begriffsjurisprudenz 三六四頁ないし四〇三頁、特に三七七頁以下参照。

（14）この言語現象はW・ヴントの用語に従えば、「同化的意味変更」assimilativer Bedeutungswandel（Die Sprache Ⅱ巻五一七頁以下）であり、しかも通常「恒常的、支配的な表象を伴った」ものである（同五一九頁以下）。法律学においてはこのような場合に「象徴」Bilder、「比喩」Gleichnisse、「暗喩」Metapher といわれる。このことは原則としては当てはまらない（同五二一頁、五五四頁）。本文で言及した言廻しでは物体的な表象要素は何ら役割を果たしていない。まさしく、今日においては既に全く（物体的表象要素から）分離された意味が存在している。

(15) II巻六三〇頁以下、六五一頁以下。

(16) 法律にも債権者の利益の優越にも基礎づけられえない請求が主張されるならば、そのときは第三の一般的な決定根拠（§2）、つまり副次的な債務者優先が、請求の否定を結果として齎す。裁判官が、意識的な概念の擦替えによって債務者敗訴の判決に到達する可能性がある場合にも、またこのことは妥当しなければならない。何故ならば、言葉の二重の意味、そしてそれにより与えられる詭弁（誤った推論）の可能性は、財産の移転令令、例えばBはAに対して一〇万マルクを支払え、という命令にとって決して「十分な根拠」ではないからである。もし、裁判官がこの（債務者敗訴の）判決をそのようなものとして彼がすでに見抜いているもっぱらその詭弁（誤った推論）の故に下すならば、彼は、まさに彼の宣誓（就任の）に反して行為することになるであろう。どうして彼がそんなことをするはずがあろうか？〔補註参照〕

(17) まさにイェーリングは、構成の実際的な効果に、特別な重きを置いた。それ故、彼は、この効果を欠く構成を、概念法学として攻撃することができた。このことは、就中、愉快な著作 „Scherz und Ernst in der Jurisprudenz" 一八八四年において実行された。不正に描かれた概念が収められる概念天国 Begriffshimmel の描写はおもしろい。前掲書二四七頁以下。

(18) 無記名証券における債権の成立について二〇以上の理論が主張されていることは先に言及され

た（上出§137）。物上負担の「法的性質」についての学説の数は（それより）少ないことはない。シュトッベ（レーマン）における不完全な数え方でも一一を数えている。（それらの学説にあっては）問題設定における正しい方法の欠如のみが共通している。〔補註参照〕

(19) バウムガルテン・Ⅱ巻六三〇頁以下、六五一頁以下。

(20) 同二巻六〇五頁以下、六一五頁。

(21) 同二巻六一五頁及び六一六頁で、バウムガルテンは「ヘックが　顛倒法と名づけた」この手続に言及しており、更に「我々はその手続を概念崇拝に算入し、そのようなもの（概念崇拝）としてこれを非とするものである」といっている。バウムガルテンは、顛倒法と　移調の手続との一致を認めていないように思われる。

(22) この主張はすでに上出§137 Nr. 4で言及されている。〔補註　参照〕

(23) 「処理する」abtunという言廻しもまた「有用性の顧慮」Utilitätsrücksichtenから前以って下されている判断に照応している。

(24) 法律におけるそれぞれ個々の価値構成の過度の顧慮もまた、実質的な洞察の欠如に基づく。それは解釈についてのシャーロック・ホームズ的（解釈）方法と呼ぶことができる。参照：AcP. 一一二巻九八頁註一四一。〔補註参照〕

(25) 参照：例えば第三者のためにする契約による処分の直接性の論拠について§50 Nr. 4及び物権的法律行為としての債権譲渡の把握からの推論の結果について§68 Nr. 2.〔補註参照〕

(26) 例えば選択債務の規制について§10、債務引受の規定（§70及び§72）、そして保証債務の移転

（§128 Nr. 4）。〔補註参照〕

(27)　ローマ法とドイツ法における債務概念の差異（§3 Nr. 4）、債務と責任の原因説（§24）、債権譲渡（§69）、債務引受（§72）、連帯債務（§78）、共同関係の形態（§122 及び §123）。〔補註参照〕

(28)　日常生活においてもまた、これと類似の関係は表現方法についての類似の自由を生ぜしめる。景色の一般的な描写に当って、既に §78 で強調されたように、同じ大地の隆起（の描写）につき「二つの山頂をもつ（一つの）山」或いは「共通の山裾を有する二つの山」という表現が使用されうる。これらの表現方法は矛盾するものとは感じられず、しかもそれらは同一の景色の描写の中で交互に用いられることがある。地図の製作者が地図の製図に当り、一定の高度の差異を描写しようとする場合には事柄は異なる。そのときには彼は正確に測定することによって二つの隆起を書き込むべきか、一つのみを書き込むべきかを決定することができる。同様のことが継続性の問題に当てはまる。（第一次）大戦直後には教室で屢々或る服装、それは仕立て直された軍服というか或いはユニフォームから作られた私服というか、そのような服装に出会った。二つの表現は個々の場合にその正当性について真面目に論争されることなく、同じ意味で使われた。法律学においてもまた、一般に提示されている同一性の問題においては公式化のみが問題となっていることが認識されるべきである。〔補注参照〕

(29)　§3 Nr. 4, §110 Nr. 6.〔補註参照〕

(30)　バウムガルテンもまた、二つの要求を提示する。彼は法律要件の検討（Ⅱ巻五九六頁）と、現在においてもなお広汎に流布している（と彼が考える）概念崇拝の除去（Ⅱ巻六〇五頁以下）を要求する。

(31)　この譬えは、彼の新しく獲得された洞察の射程距離を過大評価する初心者の発言ではなくて、長い間仕事にたずさわってきた結実である。私の論文 Das Recht der großen Haverei は一八八九年、従って四〇年前に発表されている。

三　補　註

ヘックは、その方法論的叙述として、この論稿を書く前に、Das Problem der Rechtsgewinnung, 1912 (2. Aufl. 1932) 及び Gesetzesauslegung und Interessenjurisprudenz, AcP. Bd. 112, 1914 を著わしており、本論稿の後に、Begriffsbildung und Interessenjurisprudenz, 1932 を出版している。

Rechtsgewinnung は国家的祝典の際に行った大学での演説が初めに大学報として出版されたもので、五二頁程の短い方法論的見解の第書き風のものであるが、Gesetzesauslegung, Begriffsbildung はそれぞれ三一二頁、二二三頁という大部のもので、前者は、裁判官による事件裁断を中心に、法律解釈について、とくに歴史的解釈説と客観的解釈説との対立を利益法学の方法に従って研究したものであり、後者は、Oertmann, Interesse und Begriff in der Rechtswissenschaft, 1931の出版を切掛けとして、概念形成と体系形成の問題をめぐって、とくに複数の概念構成の等価性を論じたもので、この点からGesetzesauslesrungの補足を行うものであり、一種の後編といってよい。これらヘックのいわば方法論上の三部作は、慶應義塾大学の津田利治名誉教授により訳出され、先年「ヘック利益法学」の題下に法学研究会叢書(43)として出版された（昭和六〇年三月）。

ヘックは、これらの方法論的叙述の他に、二つの概説書を著わしている。Grundriß des Schuldrechts, 1929及びGrundriß des Sachenrechts, 1930である。ここに紹介したBegriffsjurisprudenz und Interessenjurisprudenzは、五〇〇頁近いSchuldrechtの附録Anhangとして一二頁程にまとめられており、この点に本論稿が前述の三部作とは異なった特徴をもっているように思われる。すなわち、本論稿は、独立の方法論的叙述というよりは、ヘックが自分の実定法解釈の概説書の附録として、概説書に挙げられている例を随所に引きながら論述を進めている。この点で、本論稿は、まさにヘックの方法論の特徴、つまり、ヘックの方法論が哲学体系といった法律外のものから考案されたのではなく、現実の法律解釈の実践の中から生まれたという特徴を、よく表わしているといえよう。われわれがヘックの方法論を理解するには、両概説書の熟読を措いてそれ以上の策はないが、そのためにこの紹介が役立つとすれば、最少限度、ヘックが註において指示している（主として）Schuldrecht の当該箇所を参照することが必要となる。その意味で、ここに補註を設け、その内容を少しく補っておきたい。

〔4〕〔前掲註（4）において指示――以下においても同じく補註番号は前掲註番号に対応する〕P. Heck, Grundriß des Schuld rechts, §1 Nr. 1 u. 2（SS. 1～2）〔以下とくに書名、論文名を挙げずに§および Nr. で示すのは Heck, Grundriß des Schuldrechts を指す〕債務 Obligation の令令概念（構成概念）＝狭い意味での法概念と利益概念（実質的概念、機能概念）を説明し、利益概念は法体系の構築に際しては後退するが、法適用のためには大変重要である。利益概念は機能的な考察方法、生活上の効果に向けられた考察方法の結果得られる、とする。

§145 Nr. 1（SS. 436～437）債務についてと同様に、不法行為 Delikt の令令概念と利益概念を説明し、続けていずれによっても債務者による債権侵害 obligatorisches Unrecht は不法行為の概念に合まれない、とする。そして、債務に基づく不法を不法行為の概念から排除することは、法律にとくに規定されているわけではないし、言葉上の意味、文言の意義には矛盾する、しかし、それは一般に認められているし、立法者によって意欲されたことは確かである、として、その例証を行っている。

〔6〕§137（S. 410 ff.）指図債権及び無記名債権における債務の成立に関する論争を取り上げ、この

論争は実務的な意味はもたないが、当面異なった法学方法論の対立を浮彫りにするのに適している、とする。この論争は、①債務は交付契約によって成立するか（契約債務に属する）＝交付契約説、②一般に債務は契約によって生ずるが、その例外の場合に属し、一方的債務約束によって成立するか＝創造説（作成説）の論争である。この論争は初め概念法学的方法から生じた。すなわち、作成された証券が交付前に盗難に遭い或いは紛失したが、後に第三者により善意で取得された場合に、善意者が保護されるか、作成者が保護されるか。この解決は、旧来の方法によれば、既存の法命題から、それが交付契約の概念によって説明されるか、一方的債務約束の概念によって説明されるか、その上でこの原因概念から新しい法規を、とくに個別の問題の解決を得ることになる。つまり、交付契約説では契約概念に従って取得者の権利は否定され、創造説ではその概念から発して善意取得でない場合でさえ、取得者の権利は肯定されることになる。

しかし、ヘックによれば、このような概念法学的方法は初めから誤っている、とされる。流通証券のために承認された法命題は、ドイツ民法典 BGB.〔以下単に民法典という〕の制定以前から既に生活の必要、そしてこの必要からする関係諸利益の衡量に由来したのであって、契約或いは一方的債務約束による債務の成立についての人々の思弁に由来したものではない。原因となる概念 **kausale Begriffe** が問題なのではなく、取引の必要が問題なのである。旧来の論争は公式化の問題としてのみ正当化される、とする。

この論争が公式化にのみ関すると認識すれば、学説の対立はその鋭さを失う。公式化と説明であれば、種々の言廻しが正当化され、それは互に結合されうる。流通証券における債務の成立も、債務は原則として交付契約により成立する、しかし例外的に正しく作成された証券の善意の取得によっても成立する、ということができる。

〔事項索引〕　構成の等価性 Äquivalenz von Konstruktion の項に他の例として、次の諸事例が挙げられ、そこでの構成論争はいずれも認識の問題ではなく、公式化の問題である、とする。

(a)　§52 Nr. 6（SS. 154～155）　解除約款——解除の効果の構成（直接効果説、間接効果説、折衷説）

(b)　§61 a Nr. 8 u. 9（SS. 187～188）　相殺 Aufrechnung——相殺権の構成（相殺請求か相殺適状か）、相殺の法的根拠（自己支払〔債権者行為〕説、給付〔債務者行為〕説）

(c)　§62 Nr. 5（S. 189）　相殺契約 Kompensationsvertrag の構成（二つ別々の債務免除契約か、一個の双務的な債務免除契約或いはそれとは異なる債権関係終了契約 Aufhebungsvertrag か、等）

(d)　§80 Nr. 8 a. E.（SS. 248～249）　契約類型——一方的拘束を伴う法律行為（例えば、試味売買）の可能性（構成について、〔撤回しえない〕申込説、条件説、売買予約説、等）

(e)　§101 Nr. 9（SS. 317～318）　将来の賃料に関しての法律行為——賃貸借の目的物の所有権移転の場合における取得者の権利義務承継についての構成（法律上の移転、契約の承継というか、賃貸借関係は所有権に必然的に伴う附属物 Appendix、状態債務 Zustandsobligation とするか）

〔7〕　歴史法学派が概念法学の発生基盤であることについて、歴史法学派は法も民族精神の発露である、法概念自体民族精神の現れであるとして、概念、公式化問題の過大尊重に陥る、とする。その

ような例として、ローマ法、ゲルマン法で論議され、現行法の議論にも引き継がれているものとして、次の事例を挙げる。

§3 Nr. 4 Anm. 1（SS. 9〜10）〔ヘックは註一を挙げているが §3 Nr. 4 には Anm. 1 はない〕ローマ法とドイツ法における債務概念の差異

§24（S. 67 ff.）　責任の形式（債務と責任）　法規定の成立のために原因となった表象（観念）としての債務と責任の対立は、ゲルマン法およびそれ以前の他の民族の債務法の基礎となっており、現行法にも受け継がれているが、ヘックは、これらの観念は諸利益の限界づけにとって原因的でないとして、債務と責任の原因説 Kausaltheorie von Schuld und Haftung を否定する。

§69（S. 211 ff.）　債権譲渡——歴史と構成　学説は、債権譲渡に関するドイツとローマにおける法規範の発展がほぼ一致することを承知しながら、両者の基礎にある相違を原因的な法概念の展開の中に認める。すなわち、ローマ法は債権は強い人的な紐帯であるという観念から出発し、債権譲渡は古い債務が消滅し、新しい債務が作られる（更改的機能）、或いは古い権利が移転するのではなく、譲受人のために古い内容をもった新しい権利が成立するとして、債権の特定承継 Sondernachfolge in Forderung は認められなかったのに対し、ドイツ法は財産の構成要素を原因的法概念とみて、債権の特定承継を認める。

§72（S. 220 ff.）　債務引受——歴史と構成　債務引受の教義史は債権譲渡のそれと関連するとして、ここでも公式化の問題の過大尊重がみられるとする。ヘックによれば、新しい債務者をもった古い権利か、古い内容をもった新しい権利かは、両方の表現方法が許容される。

§122（S. 366 ff.）　共同関係と共同関係法 Gemeinschaftsrecht　歴史的展開について、ローマ法の法源は共同関係法に関しては乏しいが、ドイツ法は極めて多様な共同関係制度をもっている。しかし、古い法学方法論によれば、作られた法規範を原因的な構成表象の帰結として説明しようとして、通説的な見解は、総手的共同関係（合有）Gemeinschaft zur gesamten Hand については個々の目的物に一定の持分のない共同関係という表象を、組合 Genossenschaft については統一体であり同時に複数であるという表象を原因的な構成表象としている。

〔8〕構成による欠缺補足、顛倒法の例として、次の諸事例を挙げる。

§137 前掲〔6〕参照。

§5 Nr. 3 c（S. 20）　給付内容（債務）――内容問題　債権 Obligation は財産権に属するというのは、分類 Klassifikation の問題であって、このことから観念的財 ideale Güter に債権的保護を否定することにはならない、とする。

§9 Nr. 8（S. 31）　種類債務　普通法理論は法命題を概念構成の結果として説明しようとした。そこで、種類債務における危険の移転を種類債務の特定債務への変更に帰せしめた（集中、限定）。ヘックは、このような方法は二四三条二項の文言にも影響を与えている、と指摘する。

§10 Nr. 4 ff.（S. 34 ff.）　選択債務　普通法理論は利益探究をおろそかにし、それだけ法命令の論理的内容に多くかかわった。現行法は選択債務について選択に関する規定と給付の不能の効果に関する規定の二つのグループの規定を置いているが、これらの規定は余りに一般的で、部分的には概念構成に由来し、利益の衡量に基づいていないとし、Pendenztheorien を非難する。

§57 a. E.（S. 172）　履行法律行為説　履行行為につき履行の意思が必要かは普通法の時代から争われ、その解決は学説に委ねられてきた。履行目的の合意（契約）ないし法律行為的意思表示を必要とする法律行為説（エンネクツェルス）は概念法学の子孫にすぎず、その実際的な価値は幻であるとして、ヘックは、履行の要件は **Programmverwirklichung** に他ならない（意思のない場合 **Zweckerreichung**）とする **Theorie der objektiven Tatbestandswirkung** を支持する。

§79（S. 238 ff.）　真正連帯債務と不真正連帯債務の区別　普通法時代の学問は、**Korrealobligation**（人的関係が複数の一個の債務）と **Solidarobligation**（一個が履行されれば満足する複数の債務）の二つの区別を認め、この概念の区別から異なった取扱いが惹き起こされた。近代法はこの区別を否定したが、この否定にもかかわらず、著作物および判例では、真正連帯債務関係と不真正連帯債務関係の区別を認め、法規定を単に真正連帯債務関係にだけ適用した。この二分節 **Zweigliederung** の考え方が通説であるが、ヘックはこれを否定し、普通法上の **Korreal= und Solidarobligation** の区別を現在に移行させることに反対している。

§80 Nr. 6（SS. 246～247）　契約類型のうち現実行為　**Hand= oder Realgeschäfte** 現実行為が債務契約から区別されることは稀れでないが、ヘックはこの見解は否定されるべきであるとして、瑕疵の取扱いを例示する。

§144 IV（S. 435）　不当利得——財産移転の直接性　法律は八一七条二文で、受領者に違反があるための（不当利得）返還請求を、給付者にも同様に違反がある場合には排除している。ライヒ裁判所はこの規定をすべての給付者違反の場合の（不当利得）返還請求に拡張した。

〔12〕 AcP. 112, S. 311 ff. ヘック「法律解釈と利益法学」第七章政令と利益法学（第二一節）8認識論上の地位　ヘックは、法学改革運動について国会の制御を受ける政令による民法の推進形成を提案しているところで、次のように述べる。新旧法学の対立は、旧法学は実用的概念実在主義から顛倒法の採用、新法学は命令概念中心から脱して利益概念中心へというところにあるが、これを演繹的探究方法と帰納的探究方法の対立とみるのは適切でない、とする。そして、註四八五では、人の出身地の判定については、その人の著衣の色と話す方言とでは、著衣の色が同じだからといって同じ出身地に属するという結論を引き出すことはないが、特有の同じ方言を話すならば出身地は同じと推定する傾向があろう、という例を示して、帰納の演繹的組成分子を説明する（翻訳につき、前掲、津田利治訳・ヘック利益法学三九一頁以下参照）。

〔16〕 §2 (S. 5 ff.)　ヘックは、債務法の序説の中でその主要問題を論じ、債権をめぐる生活事象は①給付内容 - 債務の問題と②債権者の満足の確保 - 給付の強制ないし責任の問題を提示する、とする。そして、給付の内容の決定のために、現代の法では二つの指導原則（根本命題）が妥当する。私的自治の支配と適切さという目標、つまり法の生活利益への適合である。そして、第三番目に、債務者優先が加えられる。これは副次的な意義しかもたない。普通法上の格言で、疑わしきは被告のために善く解す **in dubio pro reo** と表現されたが、十分な根拠をもって法命題とされうる。債権 **Obligation** は債務者に給付 **Opfer** を要求するが、債務者は十分な根拠がなければそれを提供する必要はない。

〔18〕 §137　前掲〔6〕参照。

〔22〕 §137 Nr. 4（S. 411）　ヘックによれば、七九四条の決定根拠は、その成立史が全く疑問の余地なく示しているように、取引の必要であって形式ではなかった。したがって、お互に対立する諸形式は、規範の獲得にも規範の解釈にも役立たない。しかし、依然として、文献上、七九四条の規定は創造説の法律的承認であるとするものがある。エンネクツェルスは、当時の最新版においても、七九四条は契約説からは説明され erklärt えないといって、契約説を否定する。ヘックはこのように述べた上で、エルトマンの著作に触れ、本文に掲げたようにエルトマンの言葉を引用する。そして、ヘックはこれに対して次のように述べている。すなわち、エルトマンは Abtun als Sonderleistung〔本文では Sonderbestimmung〕という言葉の下に取引の必要への複帰 Zurückführung を理解している。しかし、創造という形式に反対する者はこの批判にたじろぐことはない。何故ならば、七九四条をその理論の帰結として、その貫徹 Durchführung として説明する erklären ような理論は、（役立つべき）何を提供するだろうか。そのような理論は歴史を偽造するものである。というのは、七九四条は理論から生じたのではなくて取引の必要に由来したことは全く確かなことであるから、とする。ヘックは、abtun, Durchführing, erklären を隔字体《ゲシュペルト》にして、旧方法論の誤りを強調している。

〔24〕 AcP. 112, S. 98, Anm. 141〈ヘック・前掲「法律解釈」第五章歴史的解釈とその補完（第一〇節）A法獲得の事象7偶然の機会の取扱a無視術　まず、ヘックは次のように述べる。法獲得について認識の不安定性、つまり複数の解明の可能性は否定できない。ここで不安定性の取扱いの第一の原理は無視術である。法学者は空所の戦慄（真空嫌悪）horror vacui をもって、歴史的探究から成果が

得られないことを怖れる余り、不適切な認識手段を利用して見掛けの成果で満足する（充填現象）ことがあってはならない、として、ここで、ヘックは、シャーロック・ホームズ的方法を註一四一で挙げている。すなわち、立法者は頑迷な犯罪人の如く扱われ、立法者は（立法的）裁断を良く識っていたのに、頑に沈黙して、最後に炯眼な裁判官が、立法者の不用意な言葉尻を摑み、その秘匿した裁断思想を白状させるという方法を、シャーロック・ホームズ的方法といっている。しかし、ヘックによれば、このような場合、事実は、立法者に裁断思想が欠けることが多く、我断思想をもちながら、その通知意思が欠けることは滅多にない、として、立法者は全知ではないが、その代り率直である、とする（上出翻訳一七七頁参照）。なお、ヘックは註（24）で旧方法論の影響を説いて、「法律におけるそれぞれ個々の価値構成 Wertformung の過度の顧慮もまた、実質的な洞察の欠如に基づく。」とするが、原文通り Wertformung なのか Wortformung（文言構成）なのか、疑問である。

〔25〕　概念の擦替えによる規範獲得がライヒ裁判所判決の中にも見出される例として、

§50 Nr. 4（S. 149）第三者のためにする契約――処分の制限　第三者のためにする契約における権利の直接移転（諾約者から第三者＝受取人への）という観念から、①第三者の権利は直接に取得される→②その権利は一度も契約者に属さない→③契約者の財産に対する処分の制限に服さない、という結論を得るのは、概念の擦替え Begriffsvertauschung（quaternio terminorum）である、とする。

§68 Nr. 2（SS. 208〜209）債権譲渡　弱められた譲渡 abgeschwächte Abtretung、つまり債権

Forderungsrecht の性質的に分割された一部 qualitative Teilung の譲渡、これについて法律は用益権、債権質権について認めているが、これ以外の性質をもつ弱められた譲渡（設定的譲渡）は許されるか。この問題について見解は分れているが、否定説が優勢であり、ライヒ裁判所は初め浮動的であったが、許容性を否定することに傾いている。この否定は、物権法的類型の限定（法定）numerus clausus に、つまり私的自治は債権の成立のためにのみ妥当し、譲渡には妥当しない、というところに第一の根拠を置いている。債権の譲渡は（準）物権契約であり、物権法の領域では私的自治はその働く余地がないとするライヒ裁判所の根拠は意外なものであり、ヘックはこれを説得力なし、とする。

〔26〕　旧見解の法律規定の解釈への影響について例示する。

§10（S. 32 ff.）選択債務　法律の規定が概念構成に頼っていて、利益考量に拠っていないとして、古い見解（概念法学）の法律への不当な影響を指摘している。

§70, §72（S. 214 ff.）債務引受　債務引受の概念に関して、取引上の広義の概念に対し、民法典の用語は非常に狭く、免責的債務引受のみを指している。債務引受は、体系上債権譲渡と Parallel な制度として並列され、債権譲渡において法変更的効果は両債権者の契約（債権者契約）に基づくとされるので、債務引受にこの類推を行うと、内部的な債務者契約ということになる（Theorie der Zessionsanalogie）。まさしく、債権譲渡では債権者の利益のみが問題となり、債務者はその利益が犠牲にされるのではないから、契約当事者から排除されるが、債務引受に債権譲渡の類推を行うのは、この差異を見逃している。もちろん、旧債務者は債権者に対してその追認なしに免責されえない。そこで、内部的な債務者契約は、他人の権利、つまり債権者の債権の処分であって、この処分は権利者の追認 Genehmigung によってその有効性を獲得する、とする。このような構成によって、債権者は契約者の地位から追認者の地位へと落とされることになる（Verfügungs= oder Genehmigungstheorie）。この見解は普通法で優勢であり、この見解の結果が、成立史の示すように、民法典の規定の基礎となった。

§128 Nr. 4（S. 386）従たる契約 Hilfsverträge ——保証 Bürgschaft ——質権設定契約 Pfandbestellung　立法者の立法過程は意外なものであるが、利益状況の考量に基づくものではなくて、概念形式から帰結を引出したものである（真正の概念法学）。

〔27〕過去の法律の理解について旧見解が支配した例として、

§3 Nr. 4（前掲〔7〕）、§24（前掲〔7〕）、§69（前掲〔7〕）、§72（前掲〔7〕、〔26〕）、§122（前掲〔7〕）。

§78（SS.237～238）債務関与者の複数——各説——歴史及び構成　連帯債務の教義史において公式化の問題は、債権譲渡及び債務引受におけると同様に、大きな役割を演じている。ここでも、同一性問題 Identitätsproblem がかかわっている。つまり、ここでは、時的に互に相継ぐ命令形象の関係が問題となっているのではなくて、同時に存在する命令形象の分節 Gliederung が問題になっている。連帯債務 passive Gesamtschuld にあっては、その要素につき一部共通であり（給付内容）、しかし一部異なっている（異なる債務者の責任）という命令形象がそこにあるのであるから、公式化問題は全く手近かにある。唯一の債務 Obligation が複数の人間関係を伴って存在するのか、一つの対象をもった複数の債務が存在するのかという問題が投げがけられる。債権譲渡及び債務引受における同様に、ここでも、二つの表現方法が許される。一つは同一の要素を前景に立て、他は差異を前景に立てる。そこで、複数の債務者を伴った一つの債務が存在するということもできるし、また、同一の対象をもった複数の債務があるということもできる。

§123（S. 370 ff.）共同関係と組合 **Gemeinschaft und Gesellschaft** ――共同権利者関係 **Mitberechtigung** の諸形式　民法典は **Mitberechtigung** のために二つの形式を認めた。一つは持分を有する共同囲係（共有）**Gemeinschaft nach Bruchteil**（七四一条）であり、他は総手的共同関係（合有）**Gemeinschaft zur gesamten Hand** という呼び方が慣用的となっているもので、組合財産、婚姻共有財産、共同相続財産等の場合で、この呼び方はドイツ法に由来している。**Gemeinschaft nach Bruchteilen** はローマ法の共有 **communio pro indiviso** を承継している。ローマ法では、個人の自由と対象についての共同の利益との間の衝突を個人の自由に有利に決定した。民法典もまた、この形式において関与者の独立性を強調しているが、しかし、ローマ法よりは、共同の利益による制限の点でより先へ進んでいる。民法典は、個々の権利を制限し、限定的な多数決制度 **Mehrheitsherrschaft** を認めた（七四三ないし七四五条）。

〔28〕§78（前掲〔27〕参照）。

〔29〕或る規定の大きな法領域への組入れ、他の領域への類推の可能性について、

§3 Nr. 4　ドイツ民法典の債務法は、私法上の債務関係について規定されているので、他の法領域、公法上の債務的法律要件には法律命令として妥当しない、とされてきた。しかし、公法上の関

係にあっても、私法において決定的な意味をもつ利益衝突が生じうる（たとえば、官吏の官舎に関する国家の義務、補助者の過失についての責任、二七八条）。ここでは、とくに公の利益の侵害に考慮が払われなければならないのは自明のことであるが、しかし、もしこの関与 Beteiligung が適切でなく、利益状況が現実に同じであるならば、使用者の宿舎におけると同じ取扱いが命じられる、とヘックはいう。しかし、ライヒ裁判所は類推適用も許容されないとする。

§110 Nr. 6（S. 335）　雇傭契約――総説、概念、種類および範囲 Verbreitung　雇傭契約は役務 Diensten と対価との交換を内容とするが、自由な雇傭契約は請負契約に極めて近いので、その限界づけについては屡々疑問が生じる。自由な雇傭契約に属するものとして、医師、弁護士、代理商 Handlungsagenten、問屋 Kommissio näre 等を挙げて、続けて、公証人 Notar、執行官 Gerichts-vollzieher に関しては、早くには委任、そして雇傭契約という考えがとられていた（合同部決定 Plenarbeschluß）。ライヒ裁判所はこの見解を第二の合同部判決 Plenarentscheide で、官職上の義務が問題となる限りで、放棄した。何故ならば、これらの義務は同時に契約上の拘束の対象にならないからであるとする。執行官についてのライヒ裁判所の合同部判決は、公証人にも及んだ。この根拠は、説得的でない。ライヒ裁判所の最近の判例 Praxis によれば、義務の公的な性質（特徴）は、雇傭契約の考え方の類推適用にとって障害とならない、としている。

9 判例研究

〔附記〕　民事訴訟法は平成一〇年に改正されたが、条文は当時のままとした。

I　最高裁民訴事例研究　二二九

昭和二六3（最高民集五巻三号七八頁）

訴訟代理人の出頭不出頭に関する口頭弁論調書の記載の効力

仮処分申請事件（昭和二六・二・二〇第三小法廷判決）

仮処分申請者X（被控訴人・上告人）は被申請人Y（控訴人・被上告人）に対して仮処分を申立て、第一審ではXが勝訴したものと思われるが、第二審においてはYが勝訴した。これに対してX側は次の二点を上告理由として争った。まず原審口頭弁論調書によると、被控訴代理人X_1不出頭とある部分の「不」の一字が削除せられX_1が出頭し訴訟行為を為した旨記載があるが、上告代理人X_1は原審に於て共同代理人X_2と共に訴訟代理委任を受けたが一回も出頭したことはなかった。このような事情にもかかわらずかような調書を作成せられたのは違法がある。第二に原審判決は訴訟代理権なきYらの訴訟行為を認めたことは違法と言わねばならない。これに対して最高裁は次のように判示して上告を棄却した。

「原審における……本件口頭弁論期日の調書には、「被控訴代理人某（X_1）出頭」と記載してあるから同人が右期日に出頭したものと認める外ない、従ってその出頭がなかったことを前提とする論旨は理由がない。

原審は論旨第一点所論の委任状により被上告人等代理人に代理権ありと認めて審理判決したことは明らかであり、その措置に違法はない。」

判旨賛成。

一　調書における訴訟代理人の記載は、形式的事項とされ（民事訴訟法一四三条四号）、いわゆる口頭弁論の方式に関する事項として法定の証拠力が与えられている（一四七条）。従って調書以外の証拠方法をもってして証明することが許されないのであり、本上告をこの理由により棄却した本判決は正当であり、学説にも異論なく、[1]従来の確定した判例理論によるものとして賛成しうる。[2]（本批評では判旨第一点に限定する。）

口頭弁論調書は、口頭弁論に立会った裁判所書記官が、期日ごとに作成する文書である（一四二条）。口頭弁論期日における経過や期日内の訴訟行為の内容を明らかにするとともに、上訴審も原審判決の適否を判断することを可能ならしめ、あわせて裁判官から独立した裁判所書記官が作成することによって、裁判の適正を保障する意義を有する。

二　(1)　口頭弁論調書の弁論の方式に関する事項は、法律による証拠法則たる形式的確定力を有する（民事訴訟法一四七条）。ここに弁論の方式とは弁論の内容に対立するもので口頭弁論における外部的経過をいう。これは公開、直接、口頭、等の訴訟手続における基本原則を規律するものであり、本件の訴訟代理人もこれに含まれる。具体的には、弁論の日時および場所、弁論に関与した裁判官（大判昭和八年九月一日・新聞三六〇五号一一頁）、書記官（大判昭和一五年二月一七日・新聞四五三七号一〇頁、最判〔二小〕昭和四三年九月二七日・判例時報五三四号五五頁）、当事者（最判〔二小〕昭和三五年一二月二日・訟務月報七巻一号五七頁）、または代理人（最判〔三小〕昭和二六年二月二〇日民集五巻三号七八頁）の出欠等の一四三条所定事項の外、弁論の更新（一八七条二項・三七七条二項、最判〔三小〕昭和三三年一一月四日民集一二巻一五号三二四七頁）、判決の言渡し（一四四条、大判昭和二年二月五日・裁判例(2)民事二九頁）、およびその方式（一八九条、大判昭和一五年八月三〇日民集一五巻一五五五頁、最判〔一小〕昭和二六年二月二二日民集一二巻一五号三二四七頁）がある。

(2)　調書は本来は口頭弁論が終了すると同時に作成されていることを予定している[3]。これは一四二条の規定から、また閲覧の請求を認める一四六条の規定からも窺える。通説も原則としては異論はなく、[4] 判例も「口頭弁論調書は、当該期日ごとに、かつその期日中に法廷において作成されるのが原則である」という（最判昭和四二年五月二三日民集二一巻四号九一六頁）。しかし複雑な弁論、証拠調をその期日中作成することは困難であり、調書を期日終了までに作成すべき法の要求は訓示規定と解すべきものとされる。[5] 一般的には、次の期日までに調書が完成しており、次の期日までに異議がないとその調書の記載を前提として手続を進めるのが望ましい。[6] 実情を考えると、判決言渡期日までに、[7] 当事者が調書を閲覧して正確性につき異議を申し立てる時間的余裕をおいて、作成されればよいと解するのが妥当であろう。[8] 読聞かせ（一四六条）も、わが法では申立のあった時のみなされれば足るものであるし、時間的制約もない。[9]

(3) 調書は立会書記官の作成による形式的記載事項（一四三条）、実質的記載事項（一四四条）の記載を要するが、いかなる記載をすれば有効かについては、争いがある。方式遵守の確保を強調すれば全て一四三条の記載事項を満すことが要求されようが、[10] そのうちの事件の表示（一号）裁判官及び裁判所書記官の氏名（二号）弁論の場所及び年月日（五号）を要する、[11] 或いは事件を特定しうれば足るとして事件の表示のみにより調書の効力を認める説もある。[12] なお、作成名義人である立会書記官の署名（又は記名）捺印及び公正を認証する裁判長の捺印のいずれかを欠く場合は調書としての効力を生じない。[13] 判例は、裁判所書記官の記載を欠く場合、[14] 裁判長の捺印はあるが、氏名の記載がない場合[15]、調書の効力を無効とし、これに対し弁論の場所及び年月日の記載を欠く場合は、有効であるとする[16]。

三　ところで、口頭弁論調書は前掲の要件を充たして有効である限り調書の滅失（一四七条但書）の場合をのぞいて、口頭弁論の方式の遵守につき唯一の証拠方法となり、排他的絶対的証明力が認められる（一四七条本文）。即ち、口頭弁論の方式の遵守については自由心証主義（一八五条）が排除され、法律上調書の記載には形式的証拠力が付与せられ、他の証拠による反証は許されないこととなる。したがって、弁論の方式についての事項は、調書に記載があればその存在が、また記載がない場合は、存在しないことが証明せられる。これは、独立の権限を有する書記官に作成させたうえ、正確を期するためさらに関係人に対し、閲覧・読聞かせ、および異議申立ての機会を与え、裁判官の認証をなさしめていることから口頭弁論調書に絶対的信用力を与え、また同一手続に於ける紛争の蒸返しを防止するためである。とりわけ、口頭弁論の方式の遵守につき多く生ずる紛争を未然に防止し、手続自体の争いを防止する目的で、訴訟における安定および明確を図った趣旨を有する。

他方、これに対し、弁論の内容や証拠調の結果等の実質的記載事項については、調書が唯一の証拠方法となるのではなく調書の記載事項であっても争うことができ、また調書に記載のない事項も判決において摘示し得る。

弁論の方式の証拠力につき、判例は、判決言渡期日につき（昭和三七年一〇月十三日札幌高判下民一三巻一〇号二〇七九頁）、当事者の出欠につき（昭和三九年七月七日広島高三・判時三七八号二六頁）、書記官の列席につき（最判昭四三年九月二七日二小・判例タイムズ二二七号一五七頁）。

四　ところで、調書が一旦成立した後に調書の記載の齟齬をその記載内容が同一性を失う程度に書き改める場合を更正という。訂正が単に誤字や脱字を正しくするなど、その同一性や文意を変更しない程度に当該調書に直接に加筆・抹消を施し正しく改めることをいうのと区別せられる。判決の場合は明白な誤謬がある場合にのみ更正しうる（民事訴訟法一九四条）のに対し、調書には何ら規定がない。

しかしながら、期日において関係人から調書の閲覧、読聞かせの申立てがなされた場合には、その申立がなされた部分につき直接に訂正することは許されず、関係人の異議のない場合にのみそれが許容せられる(17)。

特に、和解調書などでは、当該調書が確定判決と同一の効力を有する（民事訴訟法二〇三条）点からその更正が認められる。

その他の調書については争いはあるが、明白な齟齬があれば、形式的記載事項も訂正をなしう

る。(18)

実務では訂正の範囲が広く認められ、当事者双方の異議がなければ調書に訂正がなしうる。またその方式にも定めはなく、訂正に書記官の署名・捺印がなくとも有効とされる。

五　口頭弁論調書は調書の作成権者である立会書記官が、口頭弁論の要領を記載するため作成したものである。従って作成権限者以外の者が、自己の名においてまたは作成権限をいつわって作成した場合、本来の効力を付与さるべきではない。

私文書においては、真正の証明を要する(三二五条、立証につき三二六条)。

これに対し公文書は裁判所書記官の作成により真正の成立が推定せられる(民事訴訟法三二三条一項)。調書は、さらに裁判長にその認識と一致することを認証するため、捺印をなさしめているのであり、真実性の保障がなされている。しかし、一四七条の証明力は、弁論の方式に対してその手続に於ける重大性に鑑み付与せられたものであり、作成上の証明力としては、弁論の形式と内容には本来蓋然性においては差はないはずである。たとえば、解釈論としては、調書の訂正につき方式にはこれを認めないとするも、方式及び弁論内容の両者にこれを認めることも可能である。ただ、一四七条により弁論の形式については、異議(民事訴訟法一四六条、二〇六条)や更正の余地があるにせよ、職権性が強まるに過ぎない。しかしまた他方、両者は反証の余地いかんによっては、即ち一四七条の法定証拠力いかんによっては偽造・変造の蓋然性に差は生じない。閲覧に供せられれば第三者による偽造等の可能性は同様に生じ得る。

そこで、偽造（有形・無形を含む）及び変造がなされた場合には、公文書の真正の推定（三二三条一項）およびこれを基礎とする一四七条の規定の例外として（即ち、真正の推定はなされてはいるが法一四七条の予定しない場合として）、自由心証の領域に立ち戻り、その反証を許すべきである。なぜならこれは、未然に紛争を防止した一四七条の趣旨に抵触せず、むしろ実質には、この場合には弁論の方式の遵守も弁論の外部的経過に類似しつつも自由心証に服しその真実性を争うことができ、しかも上告理由（三九四条、三九五条一項一号）ともなり得る裁判の言渡（一四四条六号）と類似するからである。そしてまた、その存在につきさらに真否が問われる点でさらに自由心証に依るべきものだからである。

従って、調書の偽造・変造については、上告が許されるものと解する。さらに実質的記載事項の偽造・変造は必要的記載事項ではない、依ってまた、経験則違背（法令違背民訴法三九四条）の上告理由がなければ上告しえないが、異議がなければ、職権による訂正が可能であるが更正はなしえないと解する。

また、当該審級では、偽造や変造と区別するため、署名・捺印による訂正が閲覧・読聞かせまで可能であり、またこれ以後は、関係人全ての同意ある場合に同様の方法で可能と解する。

さらに偽造・変造の場合には自由心証に服することの帰結として更正の申立ても可能であろう。この申立ては上訴審、再審で裁判の基礎となる場合には有効であり、従って、移送後も上級審（再審）において更正の申立てが可能で、この場合には、上級審、再審裁判所で併わせて判断がなされるべきものである。本件は偽造・変造の反証が十分でなかった事例であると解する。

従って弁論の方式の遵守につき上告理由となるとしても（三九五条一項一号二号五号）、方式の記載の真実性を理由とした本上告を棄却した本判決は正当である。

（1）兼子一『新修民事訴訟法体系』三七七頁。
（2）当事者の出席につき同旨、大判大正一二年一月二五日民集二巻四九頁。
（3）兼子一『条解上』三七〇頁。細野『要義(3)』二五一頁。斉藤秀夫『注解(2)』三八八頁。
（4）鈴木正裕「民訴における調書の作成と訂正」判タ二四四号一八頁。
（5）法律実務講座(3)三五六頁。大判明治三三年六月一四日民録六輯六巻五四頁、大判明治三五年一月二九日民録八輯一巻九三頁。
（6）菊井＝村松『全訂Ⅰ』〔補訂〕八二〇頁。
（7）三ケ月章『全集』三七八頁。

(8) 同旨、鈴木前掲・判タ二四四号。
(9) 従って、調書が報告文書として正確さを確保するため、閲覧に供しうる程度に調書を完成したことを要するとすべきであり、申立時ないし次回期日に読み聞かせても差支えないであろう。
(10) 兼子『条解上』三七一頁。
(11) 菊井＝村松『全訂Ⅰ』〔補訂〕八二四頁。
(12) 斉藤秀夫『注解(二)』三九三頁。
(13) 斉藤『注解(二)』四〇〇頁。
(14) 最判昭和四三年九月二七日・判時五三四号五五頁。判タ二二七号一五七頁。
(15) 最判昭和五五年九月一一日民集三四巻五号七三七頁。
(16) 大判昭和一年一二月二八日・新聞二六六一号一二頁。評論一六巻民訴一六六頁。
(17) 中島弘道『日本民訴』六六六頁。
(18) 菊井＝村松『全訂Ⅰ』〔補訂〕八四七頁。

Ⅱ　最高裁民訴事例研究　二三三

昭二六8（最高民集五巻五号六六頁）

一、裁判上の和解により建物を収去してその敷地を明け渡すべき義務のある者から建物を借り受けその敷地を占有する者と民訴第二〇一条第一項にいわゆる承継人

二、民訴第五一九条第一項にいわゆる債務者の一般承継人の解釈

請求異議事件（昭和二六・四・一三第二小法廷判決）

本件土地については、さきに土地所有者Ｙ（被告・被控訴人・被上告人）と土地賃借人で本件宅地上の家屋を所有・居住していた訴外Ａら（Ｂ及びＣら）とには建物収去土地明渡請求訴訟において訴訟上の和解（昭和一三年三月一一日）が成立していた。その和解条項は、「一、ＹはＡらに右宅地を期間二十年で賃貸する。二、Ａが賃料の支払を六ケ月滞った場合には、右賃貸借契約は当然解除となりＡ・Ｂは建物を収去し土地を明渡す。三、ＣらはＡに右明渡義務が発生したときは、その居住家屋を退去しＹに敷地を明渡す。」という趣旨のものであった。その後本件家屋を買受け所有し、本件土地の賃貸借契約を承継した訴外Dが六ケ月以上土地賃料の支払を怠ったため右土地の賃貸借契約は解除となるに至り、YはXに対し、建物に居住する、右和解調書における債務者の特定承継人として、同調書正本に執行文の付与を受け居住家屋の明渡の強制執行をなした。XはYに対し本訴を提起し、強制執行の不許を求めた。Xの主張は次のようなものである。即ち、現在居住の家屋は移動、一部破損改修を行い、新築の登記をなしたものであって和解調書記載のものとは、別の建物である。よってこれに対して強制執行力は及ばない。また、仮りに同一性が維持されるとしてもXは和解調書の債務者の承継人特に一般承継人ではないから、これに対して承継執行文を付与したことは違法であると主張した。第一審第二審共にXは敗訴し、Xの占有は建物居住の反射的な取得であり、承継取得したものではないにも関わらず、これに対し承継執行文を付与したのは違法であるし仮に承継が有るとしても民訴法第五一九条にいう承継人には当らないとして上告に及んだ。これに対して最高裁は「建物賃借人の敷地に対する占有が建物占有の結果であること及び賃貸人が建物所有者としてその敷地に対する占有を失わないことは所論のとおりであるが建物賃借人の敷地に対する占有は賃借人の敷地に対する占有と無関係に原始的に取得せられるものではなく、賃借人の敷地に対する占有に基き取得せられるものであるから占有の関係からみると一種の承継があるとみることができるのであり賃借人が建物所有者としてその敷地に対する占有を失わない場合でもこの種の承継があるとみることができるのであり賃借人が建物所有者としてその敷地に対する占有を失わない場合でもこの種の占有の承継を認めることを妨げるものではないのである。……民訴二〇三条、二〇一条によって和解調書の効力は債務者の特定承継人に対しても執行文の付与を請求し得るものと解せられるから民訴五一九条において債務者の承継人を一般の承継人に限るということも前旨民訴二〇三条、二〇一条、四九七条の二等の規定に準拠して自ら判決の効力の及ぶ特定承継人を含む趣旨に修正して解釈させなければならない」として棄却した。

判旨賛成。

一　判決の効力は、相対効の原則の例外として「口頭弁論終結後ノ承継人」に対しても及ぶ(民訴法二〇一条一項)。ところで、本規定は大正一五年の改正に伴い、四九七条ノ二と共に規定されたがそれ以前には五一九条により執行力ある正本は、債権者の承継人の為め、また債務者の一般承継人に対し付与されると規定せられるのみであつた。そのため判例はこれを既判力の範囲は当事者及びその一般承継人に限るとした。(1) 学説は対立はあったが特定承継人を含むとの学説が有力であった[(2)]。その後判決で確定した当事者の権利を十分保護するため上記改正がなされ、以後承継につき特定承継を含むことに異論はない。また承継原因も任意処分（売買・遺贈など）、国家の強制処分（転付命令・競売など）法律上の当然承継（例えば相続）のいずれでもよい。なお本判例前に、裁判上の和解調書によって家屋を収去して土地を明け渡す義務ある者から家屋を譲り受け、土地を占有する者につき既判力が及ぶとしたものがあり（大決昭五年四月二四日民集九巻四一五頁）、本件もまた是認されよう（同旨菊井・強制執行法一一〇頁）。

二　執行力の範囲につき、既判力との関連で従来実質説と形式説の争いがあったが[(3)]、今日、起訴責任転換説[(4)]が主張せられ、また実体的執行力と形式的ないし手続的執行力が再構成せられるに到った[(5)]。まず、前者は、実体法上の是認あることまでを内包とする。これに対し、後者は、強制執行手続を開始せしめるにつき必要とされる債務名義の通用性という観点から、当然には実体法上の是認までは含意しない。従って実体法上は、承継人に固有の抗弁（特定承継を否定しうる抗弁、例えば即時取得、時効など）が存するか否かに問題が帰着するため、固有の抗弁のないことを通常として執行力を認め、形式的・実質的両執行力即ち、異議と執行について各々手続保障が担保されており（三三条、三四条）両執行力の概念は新法上も妥当するものと考えられる。よって、新法はこの分類に合致するが、そこでは仮差押と差押の手続を統一したこと、本案・執行を体系上区別したことに特徴がある。この改正により、実質的執行力（および形式的執行力）での実体的概念形成に影響があることは云うまでもない（但し、旧民訴法五二一条、五二二条に関する限り、変更はない）。そして両分類によれば承継人に対する執行は、実体的執行力に位置し（民訴法第二〇一条）、異議訴訟においては形式的執行力を審査することとなる。即ち執行文付与異議では形式的執行力さえ具備しないことに対し妨訴抗弁的な異議事由を申し立てうる。従来は、請求異議によるかあるいは書記官の行為につき民訴第二〇六条により異議を申し立てることとされてきた事由につき申立ての利益のある限り異議を認める趣旨で設置された。これに対し執行文付与異議の訴では実質的執行力についての存否を争うこととなる。但し、形式的執行力が存しない場合には、執行文付与異議の異議事由であるが、これが判明した場合には執行文付与異議の訴で争うことも許される。(6) 即ち新法で執行文付与の権限を全て裁判所書記官に委ね（私文書の成立の真正についての審査等々である）(7)、承継執行文においても二七条二項により「明白であること」（これは、「顕著な事実」と同義である）を以て簡易な付与手続を新設した。これは、承継人・所持人の場合の利益帰属主体に於ては口頭弁論終結時の前後を問わず(8)、既判力に服する（民訴法第二〇一条）が基準時後には前二者及び条件が付与された場合には承継執行文付与の訴、執行文付与異議の訴が手続権を保障し、さらに訴訟係属中の係争物の譲渡に対応しているのである。また基準時前の承継には承継執行文の付与は不要である。即ち新法に於ては実体的執行力が存在すれば承継執行文なく簡易な証明により（二七条二項、三三条）。特に既判力の基準時前の承継人に対しては簡便なる執行が可能であるが弁論終結後の承継人においても条文上の区別はない。即ち判決（謄本）の提示と承継の事実（債務引受証書、戸籍謄本等）ないし、占有の事実についての疎明があれば執行文が付与され得るわけであり（二七条二項）、基準時後の承継人もほぼ同様の手続がなされるものと考える。これを条文に即して云うと債務名義に表示された当事者の承継人（但し、民執法二二条一号・二号・六号（いずれも判決の場合）では民訴法二〇一条一項により既判力によって遮断される）、及び債務名義成立後の承継人（民執二三条二項）に対して条件付債権の執行と同じく執行可能であるということとなる。前者については、既判力により当事者として紛争主体たる地位を有する者であり、後者はこれを承継した者である。即ち、債務名義に表示された当事者とその承継人であり、具体的には、当事者、係争物の承継を受けた債権者、債務者、現所有者および占有者（占有を承継した者に限らない）である。

三　従って代替性を有する与える債務（金銭の支払、動産、不動産の引渡（明渡））について現承継人に執行が可能であり、債権的請求権か物権的請求権かは問わない。即ち、債権的ないし物権的な法的関係を形成する（特定の）あらゆる第三者に対抗し得るが、第三者には固有の抗弁の提出が許されるのである。単に訴訟について善意・無過失であるだけでは十分でなく、さらに、即時取得等の抗弁が必要である。前者は例えば詐害行為（民法四二四条）が類似の構造を有するのであり、詐害行為が取消訴訟（形成権の行使）であるのに対し、民訴法二〇一条一項に云う承継人は与える債務等直接強制が為され得る個別の場面であると考え得る。

四　ここで、不動産登記につき民法九四条二項の類推解釈を右の固有の抗弁に対しても適用し得るかについては、現在においては肯定的に解されよう。まず、民法一七七条が権利確定的な法律関係に於いて、あらゆる第三者（現在では背信的悪意は排除される）に登記を対抗要件とするのに対し、不実登記を信頼して無権利者から譲り受けた場合には、既存の権利を維持し、ひいては公示的な登記制度自らの維持存続を図るため、公信力と同様の抗弁的な善意者保護を以て、静的安全、ひいては取引の安全を保護することが必要であると解されるのである。そもそも承継取得では、第三者は自己に固有の抗弁を提出することにより自己の権利を全て守り得ると考えられ、公信力付与（民法九四条二項の類推解釈）もこの第三者の固有の抗弁と同じ制度目的を持ち得るものと考えられるからである。しかしながら本判決時には、判決が契約時の権利関係を確定する以上、被告の承継人は原告にとり「第三者」たり得ない。よって特定承継人である限り、仮令対抗要件を具備していても民法九四条二項が類推せられない限り現承継人は原告に対して対抗し得ないと考えられる。よって本判決時に於いては、本件も妥当と解されよう。

その他、占有の承継についても正当であり、何ら問題はなく、判決を妥当と解する。

(1)　大判明治三六・七・三民録九輯八三五頁。同大正五・七・一七民録二二輯一三八三頁等。

(2)　雉本朗造・法学論叢三巻二号一〇二―一二六頁（大判大正八・二・六（民録二五輯六一頁）評釈）。加藤正治・法協四二巻七号一二二九頁（大判大正一〇・六・七（民録二七輯一六巻一〇七一頁）評釈）。

(3)　この点については今日では、挙証責任の転換の問題に差が生ずるのみとされた。大学双書補訂版四七五頁〔上田徹一郎執筆〕。

(4)　中野貞一郎「執行力の主観的範囲」山木戸記念（下）二八八頁以下。所説は債権者と承継人との間の名義形成責任の分担を前提として承継人に対する債務名義なく執行しうる正当性の保障を執行が不当であれば出て来るであろう承継人のイニシアティブにかかる執行消極名義にあるとして異議の訴の手続保障を根拠とする。そして次の四つの条件が備われば承継執行文は付与されるという。即ち、(a)債権者の既得的地位確保のための衡平、(b)執行力の客観的範囲の変動のないこと、(c)有理性の証明、(d)請求異議の訴の（手続）保障の充足を要するという。

(5)　竹下守夫「強制執行の正当性の保障と執行文の役割」小室＝小山記念（下）三三五頁、同・判例批評・民商法雑誌七四巻三号四九三頁。

(6)　判例に、最判昭和五二・一一・二四民集三一巻六号九三四頁参照。田中・新民事執行法の解説（増補改定版）八〇頁。

(7)　ドイツ民訴法では公文書に限られる（承継につき、ZPO七二七条一項、条件につき、ZPO七二六条一項）。しかし、私文書でも真正の成立の証明がなされれば、真正の推定があり（民訴法三二三条一項）、公文書と大した差はない。むしろ裁判所書記官に判断を一任する方が公文書に限定する不都合さは除去されるものと考えられる。

(8)　私見に依り民執法二三条に反し、口頭弁論終結後のみならず終結前の承継人に対しても執行力が及ぶと解したが、これは従来訴訟承継と口頭弁論終結後の承継人とがパラレルにまたは統一的に理解されるべきであると主張されてきたことによる（通説、兼子一「訴訟承継論」研究一巻四二頁、井上正三「参加承継と引受承継」民訴演習1九七頁、畑郁夫「承継参加と引受参加」演習民訴下一〇三頁）。これは既判力の解釈論に依るべきではあるが、終結前の譲渡が基準時後に明らかとなった場合は民事執行法三三条・三四条（三二条）を担保として基準時後の承継人に準じて扱ってよいものと考える。依って訴訟係属中の承継人に対しては、係争物の譲渡は裁判所に通知することを義務づけ、裁判所が承継人に告知すること等により、訴訟の承継・引受を促進し、承継人に手続保障の機会を担保することが必要である。相対効の原則の中で訴訟追行の維持が考慮されるべきであろう。この実質的利益衡量は訴の利益に統一的に論ぜられるべきである。

また本ケースでは占有の承継人とされるが、賃貸借契約の対抗要件（建保法一条、借家法一条一項）についても登記に準じ九四条二項の類推解釈を許容すべきであると思う。賃貸借法理の趨勢と合致するからである。

Ⅲ　最高裁民訴事例研究　二四七

昭二七17（最高民集六巻一〇号一〇一五頁）

証拠方法を放棄したものと認むべき一事例他

土地所有権確認請求事件（昭二七・一一・二〇第一小法廷判決、棄却）

X（原告、控訴人、被上告人）はY（被告、被控訴人、上告人）より昭和十九年九月八日金員を借り受けたが、その際の約定は次のようなものであった。すなわち、㈠被告は、原告に対し弁済期昭和一九年一二月三〇日利息月七分の割合で、金五〇〇〇円を貸与する。㈡原告は、右債務担保のため本件不動産に抵当権を設定する。㈢原告が、右債務をその弁済期に返済しないとき、被告は、右不動産を代物弁済としてその所有とすることができる。その場合抵当権を実行するか、代物弁済の方法によるかは被告の選択による。㈣原告は被告のため右代物弁済予約による所有権保存の仮登記をするが、その実行の場合の登記は売買名義で行うこととし、そのため同日附で右不動産を原告から被告に金五三六〇円で売渡した旨の売買証書を作成し被告に交付すること、等の内容であった。ところが原告は、約定の弁済期をすぎても前記債務を弁済しなかったので被告は、右代物弁済予約の約定に基き昭和二〇年一月二四日頃その完結の意思表示をし本件不動産の所有権を取得したので、同年二月三日前記約旨通り売買による所有権取得の登記をした。一審では、Xは代物弁済予約契約の不存在を主張して当該不動産の所有権確認及び登記抹消を求めたがX敗訴。第二審においてはX勝訴。これに対してYの上告理由は次の如くである。即ち、原裁判所は上告人（被控訴人）の申出た証拠調の申請に対し何らの裁判をなさず結審し且つ判決をなした。上告人は昭和二四年二月一六日附証拠の申出を提出して不動産の売買金融の特殊事情や価格に与えた影響などの鑑定を申請した。これが本件原判決理由中の最も重要な公序良俗に反するや否やの判断の資料である所の果して上告人が被上告人の無智無経験を利用して過当な利益の獲得を目的としたものであるか否かの重要なる判断の資料を与える証拠調であり上告人が此の点の抗弁の唯一の証拠方法であったのであるに拘らず、これが採用を留保した儘結局採用するとも何等の決定をすることなく結審し判決したことは明かに原判決は当事者の申出に対し裁判をなさざる違法あるものであって原判決は破毀を免れない、と主張した。これに対し本判決は次のように判示した。上告人は原審において本件土地建物の当時の価額に関し、被上告人申請の鑑定の結果に対する反証として再鑑定の申請をしたに過ぎないものであるから、いわゆる唯一の証拠方法とは認められないし裁判所は当事者の申出た証拠方法でも審理の経過から見て必要のないものと判断し得る場合には、取調べなくとも差支えないのである。また所論のように、原審が上告人のした鑑定申請の採否につき何等の決定をせず結審をしたとしてもその代理人である弁護士が何等の異議を述べなかった場合には、その申請を抛棄したものと解するを相当とする。

判旨賛成。

一　民事訴訟法二五九条は「当事者ノ申出タル証拠ニシテ裁判所ニ於テ不必要ト認ムルモノハ之ヲ取調フルコトヲ要セス」と規定する。（なお旧民事訴訟法では二七四条一項に於て「当事者ノ申立テタル数多ノ証拠中其調フヘキ限度ハ裁判所之ヲ定ム」と規定していた。）これは、一見明らかに不必要と思われる証拠については取調べの負担を軽減し、充実した裁判とその迅速さを確保しようとするものである。

判例は旧民訴法二七四条一項の反対解釈として「当事者の申立てたる証拠調を総て杜絶するは……之を許すものに非ず(1)」となし、さらに「唯一の証拠として証人喚問の申請を為したる場合に於て之を容れざるは証拠提出の途を拒絶する筋合を以て民事訴訟の規定に違背するものと云はざるを得ず」[2]とし、証拠提出の途を杜絶しないことにより、当事者の申請に対する最小限度の保障を図るため、当事者が由出た証拠が、ある争点につき唯一のものであるときは、その証拠を必ず取り調べなければならないとしている。[3]

学説に於てもこの唯一の証拠方法の理論は双方審尋主義の保障の要請である（三ケ月）とか、当事者の弁論権の保障である（山木戸）として支持されている。

もっとも、この理論には例外があり、不定期間の障碍ある場合[4]（民訴法二六〇条）、時機に遅れた攻撃方法の却下の場合[5]（民訴法一三九条）、費用の予納なき場合[6]（民訴法一〇六条二項）、また当事者が適法な呼出を受けながらなんらの理由を届出ることなく出頭しない場合[7]、証拠申請書を提出せず、その催告にも応じない場合[8]など当事者に訴訟進行に関して過怠ないし信義則違反のある場合には、唯一の証拠方法を却下しても違法ではない、とされている。

従って裁判所は証拠の申出が不適法ないし信義則違反でない限り、かつ不必要とせられない限り、唯一の証拠方法については原則として当事者の提出したものについては全て取調べなければならない。ここで不必要な場合とは、(イ)不要証事実（自白せられた事実、顕著なる事実等）や裁判の結論にとって無意味な事実に対する証拠申出の場合。(ロ)裁判所が立証事項につき十分な心証を得ている場合（但し、裁判官の心証は重要な反対の論拠によって揺ぐ可能性があるものであるから、これは絶対的基準とはいいがたい。）(八)同一の争点につき、その出所が同一で、かつ同等ないしより以上の証拠価値を持つと思われる他の証拠方法についてすでに証拠調べがおこなわれている場合[9]等が挙げられる。ただし、他の証拠や他の間接事実と総合して判断すれば、異なる結論に達することがありうるので、申出られた証拠の証拠力が微弱であるとか、立証事項とされた間接事実とそれによって推論される主要事実との関連性が稀薄であるという理由では、その証拠を不必要と判断することには慎重でなければならない[10]、とされる。

また、同一主要事実について本証と反証の申出がある場合には、両者を取調べなければならない。但し、双方当事者の提出した証拠を取調べた結果、或種の心証を裁判官が得た場合、それ以上申出られた他の証拠を取調べてもその心証が覆らないことについて客観的に相当の理由がある場合、それ以上同一趣旨の同等の証拠を取調べる必要はない[11]。

二　次に、証拠申出の撤回については、証拠の放棄とみるか、黙示の却下とみるかについて争いがある。判例は分かれており、本件と同じ放棄説を採るものと[12]、却下説を採るもの[13]とがある。学説は却下説が有力であり、その理由としては、当事者の証拠申請の場合は訴訟指揮の一作用としてその許否はまさに裁判所の責任において決定せらるべき筋合のものであるから却下説が理論上妥当とするもの、放棄説は、当事者の意思を無視して擬制するもので不当であるからとするものがある。また放棄説は、証拠方法が上訴審で採用され得ず改めて申請を要することとなり、上訴による救済の途をとざすこととなり不当であると解されるが、当事者権を保護するものであり、また自由心証主義にも反さないものと考えられる。

三　次に却下とみる場合の却下決定の要否については、判例は、証拠申出に対して応答義務があるとしてもその証拠を取調べる場合は、それが応答を含んでいるから、あえて証拠決定をする必要はないとしている(14)。

これに対し、学説は、却下の裁判は法律上必要ではないが却下してもよいとするもの(15)、却下の裁判があれば、当事者は別の証拠を準備するかも知れないから必要であるとするもの(16)、最終口頭弁論のときまで留保しておき、そこでまとめて却下するのが妥当であるとするもの(17)、控訴審まで留保しておき、却下すべきであるとするもの(18)がある。却下決定に於ては上訴審にまで係属し、上訴審で争うことが妥当であると考える。

四　以下私見を述べる。まず、却下説か放棄説かについては前述のとおり後者を採っておきたい。職権調査事項については当事者が放棄できないこと、また自由心証主義からみて、却下説の方が客観的な範囲が広いと思われるが、この問題は裁判手続上の問題と関わるものであり、当事者側に異議の可能性、上申書の提出の余地があれば、やはり、当事者権の保障という点から放棄説を採っても誤りではないと考えるからである。

唯一の証拠方法についての証拠調の範囲においては、合理的な自由心証主義が適用される。一般に、自由心証については、如何なる証拠を採用するか（証拠調べをするか否か）という採証上の自由心証と、取調べた証拠に対して如何なる証明力を与えるかという証明力上の自由心証がある。前者については自由心証主義の例外として伝聞証拠等があり、後者については、公文書、私文書の成立（三二三条、三二六条）について例外がある。唯一の証拠の場合は前者の場合の例外であり、一定の証拠力をもち採証により一定の心証の形成に資するか、あるいは反証として充分成り立ち得る場合、自由心証に於ける主要事実推認の決定的な可能性がある場合には、裁判官を拘束しうると思われる。唯一の証拠を取調べることは原則として、双方審尋の要請にかない、予断のない公正な裁判を保障することに資するのである。唯一の証拠方法であっても取調べるべきでない場合やその必要のない場合もあり、むしろ客観的な基準を探究すべきだという説もあるが[19]、実務の実践的な基準を積み上げるという意味からも判例理論は一応妥当な展開を遂げており[20]、本判例も結論に於て妥当であると考える。

(1) 大判明治二六年四月一三日民録二巻九六頁。
(2) 大判明治二七年五月七日。
(3) 大判明治三一年二月二四日民録四輯二巻四八頁、最判昭和五三年三月二三日判時八八五号一一八頁。
(4) 最判昭和三〇年九月九日民集九巻一〇号一二四二頁。
(5) 最判昭和三〇年四月二七日民集九巻五号五八二頁。
(6) 最判昭和二八年四月三〇日民集七巻四号四五七頁。
(7) 最判昭和二九年一一月五日民集八巻一一号二〇〇七頁。
(8) 最判昭和三五年四月二六日民集一四巻六号一一一一頁。
(9) 鈴木正裕他編・注釈民事訴訟法四一一頁。
(10) 同右。
(11) 中務俊昌「『唯一の証拠方法』と民事訴訟における証拠調の範囲」法学論叢六〇巻一・二号二一六頁。
(12) 大判大正九年八月九日民録二六輯一三五四頁、最判昭和二六年三月二九日民集五巻五号一七七頁、最判昭和二八年一〇月二三日民集七巻一〇号一一一四頁。
(13) 最判昭和二七年一二月二五日民集六巻一二号一二四〇頁、最判昭和三〇年四月二七日民集九巻五号五八二頁。この論点については後述論点とも関連して法学研究五八巻四号七五頁に小川評釈の詳細な分類がある。

(14) 大判明治三二年九月二五日民録五輯八巻二一頁。
(15) 菊井・民訴下三〇九頁。
(16) 兼子・体系二六五頁、新堂民訴法三六九頁。
(17) 小室直人・注解民事訴訟法(四)四二四頁。
(18) 中島弘道・日本民訴下一三五二頁。
(19) 中務・前掲二三〇頁。
(20) 三ケ月章・民訴法（弘文堂）四六五頁。

Ⅳ　最高裁民訴事例研究　二五〇

昭二七21（最高民集六巻一二号一二三二頁）

一　仮処分取消の特別事情がある場合
二　民訴第七五九条の保証の額

仮処分取消申立事件（昭二七・一二・二五第一小法廷判決）

Y（被申立人・本案原告・控訴人・上告人）は本件漁業用物件を訴外Aより譲り受け、一時占有、使用していたところ、X（申立人・本案被告・被控訴人・被上告人）が暴力によって当該物件の占有を開始したので、Yはこれを阻止すべく昭和二一年三月二一日札幌地裁から次のような内容の仮処分を得た。即ち、「別紙目録表示の物件につきX等の占有を解き本案判決確定に至るまで仮にYの委任した執達吏の保管に付し、執達吏はYの請求があったときは同人に右物件を使用させることができる、X等は右物件につき譲渡等一切の処分をしてはならない。」

その後、昭和二一年六月五日札幌地裁に本案訴訟を提起し、仮処分の目的である漁業用物件は昭和一九年二月、代金一八五〇〇円で前所有者Aから譲り受けたとして所有権を争ったが、昭和二二年一〇月七日Y敗訴。そして控訴審係属中に同札幌高裁は仮処分取消の申立を昭和二四年二月一一日に為した。その理由は次の如くである。「Yは第一審において所有権を否認されて敗訴したのであり、この判決が控訴審において変更されるが如きことは毫末もないのであるから、前記仮処分決定は昭和二二年一〇月七日本案決定のあった日に仮処分の理由たる事情の変更があったものである、よってXは右仮処分の取消を求めるため、この申立をしたのである、仮にYが本案訴訟において請求を棄却されたことは仮処分を取消しうべき事情の変更とならないとしても、本件仮処分は、建物、船舶、漁網及び漁具等の物件に対する譲渡その他一切の処分禁止とYに使用を許す仮処分であって、その保全さるべき権利は右物件に対する所有権であるから、金銭的補償をすることによってその終局の目的を達しうべきものである、且つ本件はYに使用を許した関係上その使用による破損が甚だしいのみならず、漁網漁具等は海中に投棄されたり消耗したりしてしまうので、Xの損害は大きなものといわなければならない、事情かくの如くであるゆえ、本件は仮処分を取り消すべき特別の事情が充分存する、よって保証を条件とする仮処分の取消を求める次第である。」「本件仮処分によってYのために保全される権利は、前記のように、その存否がなお未確定の間にあるから、特別の事情の存否はYの利害からのみ観察すべきものでなく、X等の利害からも観察しなければならない。ところでX等が本案訴訟に勝訴になった場合を仮想すると本件仮処分によって受けるX等の損害は前述の次第で普通の場合に比し遙に多大であると推測されなければならないのであって、かようの場合には、同条にいうところの特別の事情があるものと解するのが至当である。よってX等にYに対し、各金一〇万円の保証を立てさせて本件仮処分を取り消すのを相当と認めるべきものである。」これに対しYの上告理由は次の二点である。まず第一に「恐らく原判決はYの請求権即ち漁業用物件の使用権の価値が相手方をして各金一〇万円宛総額二〇万円の保証を立てしめることによって保全せられるべきものと認めたに違いないこれは貨幣価値の変動に対する認識を欠いた結果である」。さらに第二に「民訴法七五九条の『特別事情ある場合』と為すには単に本案の請求権が金銭的賠償によって満足せしめらるべき状況に在ると云うのみでは右法条の正しい解釈ではなく進んで仮処分の解除に因って法律関係の紛更を来たし又は責任の所在を混乱せしむる様の悪条件を伴随する虞れなきや否や彼此法益の大小、軽重を比較検討して特別事情の存否を決定するのが正しい解釈である」。これに対し最高裁は次のように判示して上告を棄却した。即ち、「仮処分はそれが係争物に関するものであると（民訴七五五条）仮の地位を定めるものであると（同七六〇条）を問わず、金銭の債権でない権利につきその本来の内容そのものを保全することを目的とするものである。（この点において仮差押が金銭の債権又は金銭の債権に換うることを得べき請求について動産又は不動産に対する強制執行を保全すること、すなわち窮極において権利の金銭的価値を保全することを目的とするのと対照をなす。民訴七三七条参照）しかし特種の場合にあっては、権利本来の内容を保全することが、窮極において金銭的価値を保全することでその目的を遂げ得るような場合がないではない。例えば担保物権そのものを保全することは、それらの権利が金銭債権についての優先弁済を受けることを内容とするものであることに徴し、必ずしもその目的物につき仮処分をなすことを要せず、債務者をして金銭的保証を立てさせることによって債権者を満足せしめることができるのである。かかる場合債権者が担保物件そのものの保全を目的とする仮処分の方途を選んだとしても、（この場合債権者は金銭の債権に換うることを得べき請求の主体として仮差押を求めることもできる。）債務者をして不必要に不利益を忍ばせてまで、債権者を保護すべきでないこと勿論であるから、かかる仮処分は債務者をして保証を立てさせることによりこれを取消し得るものとすることが妥当であると考えられる。この考え方は、更らにそのほか、債権者が仮処分によって受ける利益に比し債務者がそれによって受ける不利益が著しく多大であるような場合にあっても当事者双方の利害関係を衡量して、債権者をして金銭的保証を以て満足せしむべきものとすることにまで進展する。特別事情による仮処分の取消を規定した民訴七五九条はかくの如き考慮の下に立法せられたものと解せられるのである。本件において、原審はその挙示する証拠により疏明せられたとする判示諸般の事情を考察して、結局Y申請の仮処分は判示目的物件の所有権を保全せんとするにあるから『金銭的補償をうることによってその目的を達し得べきものである』とし、しかも本件仮処分をめぐる当事者双方の利害を衡量すると『本件仮処分によって受けるX等の損害は……普通の場合に比し遙に多大である』から、民訴七五九条にいわゆる特別の事情あるものと判断したのである。この点に関する原判旨は首肯し得るところであり、原判決には所論のような違法はない。また民訴七五九条により債務者をして立てさすべき保証の額は、裁判所の自由なる意見により前示立法趣旨に合すべき金額を定むべきものであること勿論であるが、この点においても原審は疏明せられた判示諸般の事情を斟酌した上、X等をしてYに対し各金一〇万円の保証を立てさせることを以て足ると判示している。そしてこの原審の裁定は必ずしも所論のように経済事情を無視し実験則に反し、その裁量権の範囲を逸脱した違法なものであるとは考えられない。それ故論旨は採用できない。」

判旨賛成。

一　仮処分の目的は、それが係争物に関する仮処分たると仮の地位を定むる仮処分たるとを問わず、その金銭的価値の保全にあるのではなく、仮処分の対象をなす特定物や権利関係自体を維持することにある。従って本来は保証供託によってその保全目的を達し得るものではない。しかしながら、仮処分は被保全権利の未確定の間に簡易迅速に与えられる暫定的措置であるから、一旦仮処分が為されると、事情変更のない以上、本案判決に依り結着がつくまでその拘束を受けることとすると、債務者に酷な場合もある。そこで債権者の立場を考慮しつつ保証をたてさせ、仮処分の特殊性に応じて仮処分命令を取り消すに足る特別の事情の存在があるときに初めて仮処分の取消を許容することとした（民訴法七五九条）。そして、この特別事情とは、仮処分に依り保全せられたる給付に代うるに金銭を以てするも債権者を満足せしむることを得る事情の存する場合（金銭的補償可能性）、及び債務者が仮処分に因り普通に受くる損害よりも多大なる損害を蒙るべき場合（異常損害）[1]、あるいはまた、「特別事情とは一般的には、債務者の保証供託があるに拘らず、当該処分を存続せしめ置くことを公平の観念上不当ならしめる事情であり、また逆に債権者に保証を供与する代りにこれをして被保全権利本来の内容の実現を断念せしめることを合理化する事情」[2]とされている。この理論は、特別事情は、仮処分で保全される権利が金銭的補償を得ることで終局の目的を達し得べきことのみで足りる、という理論を前提とする。[3]

二　ところで、金銭的補償可能性と債務者側の異常損害の二要件の存在については、その一方のみで足るか（独立説）、双方の事情を勘案して特別事情を認めるか（併存説）の争いがあったが前者が通説[4]・判例[5]とみてよい。いずれにしても特別事情は被保全権利の性質は勿論のこと、当該仮処分の種類・内容、債権者の職業、従来の権利行使の状態、賠償債権行使の難易、その他諸般の客観的事情を考慮して合理的価値判断の下に決すべきであるということとなる。

三　特別事情を認める判例・学説については一定の傾向が見られる。

例えば、学説では[6]、債務者側の事由として⑴仮処分の結果債務者の業務継続が現在並に将来に於いて不能又は著しく困難となった場合。⑵仮処分（占有解除、現状不変更、処分禁止等）に基き仮処分の目的物の処分が妨げられる結果、処分の好機を失し、又は目的物の損壊する場合。即ち目的物件の損壊の惧等があり、仮処分義務者において目的物を処分せざれば後日、回復し難い損害を蒙る切迫した危険が認められる場合。⑶単に財産的損害のみならずその信用失墜等の人格的損害等をも顧慮せられる場合。⑷債務者の直接の損害でないいわば仮処分の社会的影響をも考慮すべき場合等が挙げられている。

判例に於ては立木又は伐木引渡請求権[7]、立木所有権又は之に基づく伐採排除請求権[8]、工事差止

（禁止）請求権[9]、詐害行為取消権[10]、遺留分減殺請求権[11]、担保物権[12]、代替性のある物の引渡請求権[13]、商人の営業に関する物の引渡請求権等[14]が、その被保全権利自体が金銭的補償により終局の目的を達し得るとして特別事情が認容せられている。

四、仮処分の取消に於ける保証の額は、裁判所が諸般の事情を勘酌した上、その自由な意見を以て定めるものである。そしてその基準となるのは、仮処分命令を取消すことによって債権者が被ると予想される損害額である[15]。本件上告理由は、係争物件が戦後のインフレにより時価二、三〇〇〇〇〇〇〇円に達するものであるのに、原審が相手方に僅か二〇万円の保証を立てさせて仮処分を取消したのは貨幣価値の変動に対する認識を欠いた結果であって、がかる保証金額を以てする取消は違法である、と主張するものであるが、仮処分取消のための保証は仮処分の目的物に代るべきものであり、係争物件の時価のみならず、諸般の事情を斟酌した上これを定むべきことを本判決は説示しており、判例・通説に依った妥当な判示である。ただ、保証の額を裁判所の自由なる意見で定めるとしても、それは無制限なものではなく、当然合理的な制約が存するものであり、経済事情を無視し、実験則に反し、その裁量権の範囲を逸脱すれば、その取消は違法となる[16]。

五、仮処分が、債権者の意思に依れば特定物や権利関係自体の保全にあるとしても、保証提供で担保され得る場合、財産権上の請求に関する仮処分はほとんど全て取消し得ることとなるから、金銭補償という特別事情は、被保全権利並びに保全の必要を実質的・客観的に把えた合理的価値判断に依るべきものである。他方、債務者側の異常損害とは、公平の観念から導かれたファクターであり、公平、信義則、仮処分の違法性ないし事情変更等の理念の類型化である。従って二要件のうち、どちらか一方が存在すれば、それは特別事情の一内容を指示するものとして仮処分の取消を肯定してよいものであるが、両ファクターが比較的軽微である場合には、保証で代替し得るか否かの程度と、異常損害の程度との比較衡量に依るべきものとなり両者は相互補完的な関係に立つものとも言える。基本的には独立説を妥当と解するが、右に述べたところから具体的衡量として併存説に依る場合をも留保しておきたい。本判決は、漁業物件の破損、滅失が著しいものと認定し、異常損害に基づき、取消を認めたものであり、妥当と云える。

(1)　大判大正六・二・一四・民録二三輯二六三頁。
(2)　吉川・保全処分の研究「特別事情に基く仮処分の取消」四二四―五頁。
(3)　大判昭和八・一一・二一・民集一二巻二四号三七三四頁。
(4)　兼子・増補強制執行法三三二頁、菊井・民事訴訟法(二)三七五頁、吉川・増補保全訴訟の基本問題六〇二頁。反対、沢田・保全執行法試釈四五二頁。
(5)　最判昭和二六・二・五・民集五巻一号二一頁、最判昭和二七・四・四・民集六巻四号四〇四頁。

併存説を採るものとして大判昭和一一・一一・一三・民集一五巻一九六七頁。
(6) 吉川・保全処分の研究四一三頁以下。
(7) 東京控判大正六・九・二六・新聞一三三六号二三頁、大判大正一〇・五・一一・民録二七輯九〇三頁。
(8) 大判昭和八・一一・二一・民集一二巻二七三四頁。
(9) 東京控判大正一一・三・一五・新聞二〇三九号二四頁、大判昭和一一・五・二・新聞三九八七号九頁。
(10) 東京地判昭和二・二・一〇・評論一六巻民訴六頁、東京地判昭和一一・五・二五・新報四三八号二六頁、東京控判昭和一一・一二・二六・新聞四一〇六号一三頁、大判昭和一二・七・六・新聞四一六六号一二頁。
(11) 東京地判昭和三四・二・四・下民集一〇巻二号二四五頁。
(12) 大判昭和一二・四・二六・判決全集四輯九号一七頁。
(13) 東京地判昭和九・九・二八・新聞三七七四号一二頁。
(14) 東京控判大正六・九・二六・新聞・一三三六号二二頁。
(15) 三ケ月＝鈴木(忠)編・注解民事執行法(6)二九一頁。
(16) 判例民事法昭和二七年度八〇事件本件山本評釈、三六八頁。本件には他に柳川評釈・民商法雑誌三六巻四号一〇七頁、青山評釈・判例タイムズ二七号五四頁がある。

V　最高裁民訴事例研究　二五五

昭二八3（最高民集七巻三号二四八頁）

競売公告に記載しなかった賃借権の対抗力

家屋明渡請求事件（昭和二八・三・一七第三小法廷判決）

本件係争家屋は訴外Aの所有であったが、Y（被告、控訴人、被上告人）は訴外Aから昭和一三年一月頃以来係争家屋を賃料月一二円（終戦後は月三〇円）の割合、毎月末払、賃貸期間を定めずして賃借し、現に居住、占有している。Yは、昭和二二年七月四日係争家屋をAより譲受けたが、その売買契約に於ては、代金を一万五千円と定め、即時内金一万円を支払い残金五千円は昭和二二年八月以降毎月千円ずつ支払い、その代金を完済したときにはじめて家屋の所有権をYに移転し登記手続をするという特約がなされていた。ところがYは右代金の内金一万四千円を支払ったのみで残金千円を支払わず未だ係争象屋の所有権を取得することができなかったので、昭和二三年六月まで賃借人として所定の賃料をAに支払ってきた。

その翌月頃係争家屋が競売に付され、九月二三日X（原告、被控訴人、上告人）がこれを競落したので、爾後の賃料も支払わずまた右残金代金の支払いもしないで占有し今日に至っている。

そこでXがYに対して家屋明渡を請求したのが本件である。一審では、Yは右売買契約によってAより当該家屋を買受所有したので賃貸借契約は消滅した、またXが競落により所有権を取得しYは権原なく占有しているとしてXの明渡請求を認容した。これに対し、二審では競落時における賃貸借関係は存続しているとしてY勝訴。そこでXは次のような上告理由を主張した。即ち第一に、所有権留保についての認定は採証上の法則違背がある。第二に、裁判所の競売公告には賃貸借の存する記載がないが、原審は競売公告の記載に反する事実を以て競落人に対抗できるかについて判断を逸している。第三に賃料が不払となってもなお賃貸借の存続する理由に付き不備がある。第四に、特定物を目的とする売買に於ては、反対の意思表示なき限り、即時に所有権移転の効力を有することが従来の大審院判例であるのに原審はこれに反して判決したのは失当である。更に追加上告理由として、同様に審理不尽、理由不備の違法を述べた。上告棄却。第一点及び第四点について「所論所有権留保の点について も少なくとも黙示的にその意思表示があったものと認めることが出来ないものではないのであって原審の認定に実験法則に反する違法あるものということは出来ない。」第二点について「借家法により第三者に対抗し得る賃借権は競売公告に記載なくとも、それにより右対抗の権利が消滅するものではない。」第三点について「原審は賃料を支払って居たという事実だけで賃貸借ありとしたのではない。此の事実を一の資料とし、これに他の資料を綜合して原判示特約の事実を認定したのであって、右特約が認められる限り賃料を支払わなくても代金全部の支払が無い限り所有権は移転せず、従って賃貸借ありとした原審の判断に所論の様な違法はない。」

判旨賛成。

一　本件に於て最も重要な争点とされたのは、Xが係争家屋を不動産競売事件で競落し所有権を取得した当時、Yが右家屋に付賃借していたか否かについてであった。そこで本件評釈は強制執行法の観点から専ら上告理由の第二点についてのみ考察することとしたい。

本件では右賃借権が公告中に記載されなかった場合にも借家法第一条によって競落人Xに対抗し得るかが問題とされている。

そもそも不動産競売に付いて公告に際しては、賃貸借に関する事項の記載が要求されていた

（旧民事訴訟法六五八条三号、競売法二九条）。これは、競落人をしてあらかじめその承継しなければならない賃貸借を知ることによって不測の損害を防止させるためである。[1]また賃貸借の登記によらないで対抗力を生ずる賃貸借では、前賃貸人に対する借賃の前払または敷金の差入は競落人に対抗できるので、借賃の額の公告と相まって競落人が不動産から現実に取得できる収益額を示すために昭和一三年に追加されたものであるといわれている。[2]即ち、競落人の保護と競売の信用維持が本条の立法趣旨である。旧民事訴訟法六五八条三号に違反した際の効果としては、特段の事情のない限り不動産を不当に高く売却したことになるから、競落人は競落許可決定に対し抗告の利益を有し[3]（旧民事訴訟法六八〇条一項）、抗告裁判所は執行裁判所の調査の結果いかんを問わず、職権によっても競落許可決定を取消さなければならないとされていた（同法六八二条三項、六七四条二項、六七二条四号）。[4]

しかし、旧法下では、執行裁判所は競落人に対抗できる賃貸借の有無・内容を調査する職責を有するが、そのために与えられた法手段は競売申立債権者の提出する証書または執行官の取調報告書（同法六四三条一項五号、三項）だけであり、また自ら検証その他の証拠調を行ってより徹底した調査をすることは執行裁判所の性格に反するから許されない。従って、執行裁判所の調査によって対抗力のある賃貸借の有無・内容が明らかになることは、実際上は必ずしも期待できない

とされていた。(5)

二　これに対して民事執行法は以下のような改正を行った。まず、物件明細書の制度を採用し（民執法六二条、民執規三一条二項）、現況調査報告書・評価書の公開（民執規三一条二項）を義務とし、現況調査（民執法五七条）を行う際などに利害関係人の審尋ができることとした（民執法五条）。

現況調査の対象は民事執行規則二九条に掲げられており、占有者・占有状況等につき調査することができる。しかし現況調査のため執行官に認められている権限は、不動産への立入調査権と質問権、文書の提示要求権のみであり（民執法五七条二項）、たとえ占有があってもそれが賃借人かどうかはなお不明確とされる可能性もあり、万全の措置とは言い難い。しかし、占有者があると物件明細書に書かれていれば、これを調査しないことの方がおかしいのであり、(6)そのような場合には、執行債務者または配当受領債権者に対する担保責任（民法五六八条、建物保護法二条、借家法一条二項、農地法一八条、三二条）の追及によって買受人を保護し、調整を図るべきであろう。

三　そこで、実体面に於いて物件明細書の記載に誤りがあったとしても、真実そのとおり、本来存続すべき物的負担は物件明細書に記載されていなくとも存続し、逆に消滅すべき負担はたとえ物件明細書に記載されていても消滅すると解される。(7)即ち、物件明細書には公信的効果はない。なぜなら、本来存続すべき権利が裁判所の誤りによって常に実体法上消滅してしまうとするのは、その権利者の財産権を不当に侵害するし、逆に本来存続しない権利を存続させるとすることは不当に安価に目的不動産を買うこととなり、公平に反するからである。そして競売不動産に対する賃貸借を競売期日の公告に掲載することの有無は、右賃貸借の存否に影響がない等として本判決以後、本判決の判示事項は判例法上確立せられている。(8)(9)(10) 私見も同様であり、判旨に賛成する。(11)

(1) 東京高決昭和三五年九月二六日下級民集一一巻九号一九七七頁。
(2) 鈴木忠一・宮脇幸彦・三ケ月章編『注解強制執行法(3)』二七四頁〔滝川叡一執筆〕。
(3) 積極説である。公告の瑕疵が職権調査事項であること(旧法六七四条二項、六八二条三項)や、債務者が事後に担保責任を行使される虞のあること(民法五六八条、五六六条二項)を理由とする。これに対して、消極説は、かかる公告の瑕疵により債務者が損失を被ることがなく、担保責任を行使される虞もこれに当らぬとしている。参照・宮脇『強制執行法(各論)』三四六頁―三四七頁。
(4) 前掲・滝川(注2)二七五頁。これに対して新法下では、買受希望者は、公告だけを見て売却期日に参集するわけではなく、物件明細書の写しと共に備え置かれる現況調査報告書及び評価書の写し(民執規三一条二項)をも閲覧した上で売却期日に参集することが予定されているから(民執規三六条一項七号)、公告に現況の記載を欠くことが売却の手続に重大な誤りがあるとして(民執法七一条七号)売却不許可事由となると解すべきではないとの主張がある。三ケ月=鈴木編・注解民事執行法(2)三五五頁〔近藤完爾執筆〕。

(5)　前掲・滝川（注2）二七五頁。
(6)　慶應義塾大学演習民事訴訟法における石川明教授発言。
(7)　本件清水（誠）評釈も同様の結論を採る。法協七二巻六号七一三頁。旧法下の評釈であるが、現行法に於いてもこの点には変更はないとされている。
(8)　東京高決昭和三一年三月五日高裁民集九巻二号七六頁。
(9)　大阪高決昭和三九年一月一〇日高裁民集一七巻一号一頁。期間の定めにつき、最判昭和三三年五月三〇日小二裁判集民三一号九〇〇頁、賃料前払につき、福岡高判昭和四七年八月二九日下級民集二三巻五―八号四三〇頁。
(10)　これに対しては、物件明細書の作成は単なる事実行為であり、裁判ではないため、その記載に実体法上の効力を結びつけることは原則としてできず、買受人の地位の安定という要請からは本法は不徹底な改正にとどまった。この要請からは手続上、売却条件決定のための期日を設けて（二次試案六八）そこで売却条件を裁判所が確定し、それが以後の手続および売却の実体法上の効果を拘束するしくみとすることが望ましかったといえるであろうとする反論もある。竹下＝上原＝野村著・ハンディコメンタール民事執行法〔上原執筆〕。
(11)　本件には他に金山評釈・最高裁民事判例批評昭和二八年度一八事件八八頁、土井評釈・判タ三〇号三五頁がある。

VI　最高裁民訴事例研究　二三七

昭五九2（最高民集三八巻九号一〇七三頁）

売買に基づく所有権移転登記手続請求権を被保全権利とする処分禁止の仮処分がその後完成した取得時効に基づく所有権移転登記手続請求権について効力を有するとされた事例

土地所有権移転登記抹消登記、建物収去土地明渡、土地所有権移転登記抹消登記手続請求事件（昭和五九・九・二〇第一小法廷判決）

甲はX（原告・被控訴人・被上告人）の先代であり、本件土地の所有者Y_1（被告・控訴人・上告人）の代理人と称する乙との間で、本件土地の売買契約を締結。その後、甲は前記売買契約に基づく所有権保全のため処分禁止の仮処分を得、其の登記を経由したところ、Y_1は異議申立てをなし（後に控訴審係属中に仮処分決定は認可された）本件土地をY_2に対し譲渡した。そこで甲はY_1及びY_2に本件訴訟を提起した。甲は死亡しXらが相続して、本件訴訟を承継。Xらの主張に於ては、まず主位的請求を売買契約の有効性（表見代理）につき主張し、予備的請求にたとえ無権代理としても時効により（二〇年ないし二〇年）本件土地所有権を取得したとしている。第一審は、売買を有効として、主位的請求を認めた。Y_1・Y_2はこれに対し控訴。第二審では二〇年の時効取得により予備的請求を認容した。Y_1・Y_2上告。これに対し、最高裁は「前記原審の認定した事実関係のもとにおいては、本件仮処分決定はXらとY_2との関係において売買に基づく所有権移転登記手続請求権を被保全権利とする処分禁止の効力を有しないものといわざるをえないが、取得時効の完成時以降は、時効取得に基づく所有権移転登記手続請求権を被保全権利とする処分禁止の効力を有すると解するのが相当である。」としてXらの仮処分決定の効力を有効とし、Xらの時効完成後に譲受けたY_2はその所有権取得を対抗できない、と判示した。

判旨賛成。

一　仮処分の効力（禁止効）の客観的範囲については、従来、仮処分の被保全権利との関係で、請求基礎説(1)と権利同一説(2)の争いがあり、判例(3)はほぼ一貫して前者を採用している。新説・旧説による対立があったが(4)、仮処分の暫定性からその範囲を広く認める前者が有力である。さらに、選択的ないし予備的併合に於ては、本案訴訟でいずれかが認定されればよいとの理由で流用とはならない、として肯定する主張がある。(5) 具体的には、原審が判示するとおり、時効完成（昭和四一年六月一八日）が売買契約が無効としても、異議事件の口頭弁論の終結前であること、また最高裁本判決が判示するとおり、Y_2に対する譲渡前に時効完成していることにより、時効を認定する場合は請求基礎説からはY_1Y_2に対抗可能である。一般には、第一審での訴提起までに時効が完成していれば、本案で時効主張によって両当事者には、請求基礎説によっては理由づけうる。本事案では異議の消長が問題となるので第三者に対する効力（いわゆる消極的効力）に於て問題化した。時効主張の場合、基準時まで主張可能であることが原告に有利であった。また請求権が競合する場合には訴の併合・変更、主位的（予備的）請求といった選択的な実務上の処理がなされるが、これらが請求の基礎の同一性を基準とする以上、この概念に対応する統一的な請求権が必要であり、この段階では例えば損害賠償請求権、土地（家屋）明渡請求権、登記移転（抹消）請求権等々が訴訟物となるのであり、特に保全の理由を保全訴訟では広く、保全訴訟の訴訟物として考え、その本案との関係上で被保全権利の存在を考慮していくべきだと思われる。そしてかように請求権が競合する場合がむしろ通常なので、本案訴訟での訴提起では、請求権の条文根拠を請求の趣旨・原因で個別に特定することとなる。登記請求権が今日多元的に理由づけられる点も首肯されよう。また本案訴訟に対して暫定的だとされる保全訴訟の申立も被保全権利の存在は、弁論主義から肯定され、本案と関連付けられる。

二 近時、既判力（拘束力）の客観的効力を訴訟物から分離した提出（責任）効が有力に主張されているが、これは、既判力論と本件のように統一的な請求権を審判の対象とする場合の関係を充分解決し得ると思われる。所説は、審判の対象を旧説に拠り決定しつつ、従来の既判力の客観的範囲＝訴訟物という定式化を破りその既判力の生ずる範囲を別個に切り離し、新説と同様に構成するものだからである。このことは、事情変更による取消（民訴法七六一条）と何ら矛盾しない。ここで請求権競合の本来の効果論も解決されると思われるが、訴訟上時的に画定することで請求権の成立（許容）範囲が決せられる。また対第三者との関係では、本件（Y_2）の如く、当事者とされれば、請求が主張せられるが、それ以外は相対効の問題となる。また保全訴訟との関連についてはその異議訴訟の提起可能な範囲内で相対効を原則とする対第三者の対抗関係が問題とされる。従って一般には本案の既判力によって時的にも客観的にも遮断される。従って、また、保全訴訟では、順位保全効と被保全権利の範囲だけが問題となる。当事者恒定効と本案での承継、参加、引受、既判力の承継人への拡張により、主観的範囲については問題ない。また起訴命令、異議手続における訴の変更は本論と同一の論点を有する。

（1）　請求基礎説を採る学説として、吉川大二郎・判例保全処分五二二頁など。理由として、保全訴訟の暫定性、附従性・迅速性や訴訟経済、債権者と債務者の両者のバランスを挙げる。
（2）　権利同一説を採る学説として菊井維大「仮処分と本案訴訟」民事訴訟法講座四巻＝一二四一頁、兼子一・判例研究三巻四号四四頁。しかし両者に於ては若干ニュアンスの差異がある。菊井博士が保全訴訟の暫定・迅速性をも考慮されているのに対し、兼子博士は、旧説により本案との関連性を強く考慮されるようであるが、共に仮処分の流用を禁じられる趣旨である。
（3）　大判昭和一〇・三・六新聞三八二二号一〇頁、最判昭和二六・一〇・一八民集五巻一一号六〇〇頁、反対の下級審として、大阪地判昭和四〇・三・一〇下民集一六巻三号四二三頁（この控訴審大阪高判昭和四二・八・一〇判時五〇八号四六頁は傍論ながら、請求基礎説を採用し、最高裁での判断が俟たれていた）。
（4）　新堂幸司「訴訟物概念の役割」判評二二三号（判時八五六号）八頁、三ケ月章「訴訟物をめぐる戦後の判例の動向とその問題点」民事訴訟法研究一巻二三一頁以下。
（5）　太田豊「保全訴訟における被保全権利の同一性㈤」判例評論一八一号（判時七三一号）一二七頁。

Ⅶ　最高裁民訴事例研究　二五三

昭六一2（最高民集四〇巻二号三八九頁）

遺産確認の訴えの適法性

遺産確認請求事件（昭六一・三・一三第一小法廷判決）

訴外Aは昭和三五年一月二〇日死亡したが、その相続人XらとYらとの間でAの遺産の範囲につき争いが生じた（当該物件①～⑪、但し共同相続人の範囲及び、その各法定相続分の割合については争いがない）。Xらは、主位的に別紙物件目録記載の各物件はAの遺産であることの確認を、予備的に、①、②、⑤、⑥及び⑧ないし⑪の各物件並びに③、④及び⑦の各物件の代襲財産はAの遺産であることの確認を求めた。これに対し第一審の本案前の主張に於てYらは次のように主張した。㈠確認訴訟においては、求められている確認判決が法律的紛争を除去するのに有効適切であることを要し、確認判決が得られたとしても当該紛争が解決されないで残ると認められるときは確認の利益はないところ、本件で確認の対象とされている別紙物件目録記載の各物件は（但し⑩の物件については持分二分の一の共有持分）別紙登記名義変更図記載のとおり所有名義が移転し、現在被告Y_2かDあるいはEのいずれかの名義に変更されているのであるから、右各登記を抹消し、A名義に回復するか、あるいは相続人全員の共有登記に更正するか、いずれにせよ登記名義を変更しないことには、本件紛争は一向に解決しないものである。従って単に遺産の確認を求める本件確認の訴えは確認の利益を欠くものであり、不適法である。㈡又、予備的請求中の③、④及び⑦の各物件の代償財産につき遺産であることの確認を求める部分は、代償財産の内容が何ら特定されていないから、確認の対象が不特定であり、不適法である。これに対してはXらは次のように反ばくしている。本件確認の訴えが確認の利益のあることは明らかである。即ち、Aの遺産についてはY_1から遺産分割の調停申立がなされ、原告らが別紙物件目録記載の各物件をも遺産に加えるべき旨主張したことから、Yらとの間に遺産の範囲について争いが生じ、調停が不成立となったうえ、審判手続も事実上、中断状態になっているが、右経過から明らかなように右各物件の遺産帰属性が確認判決により確定すれば、相続人全員を拘束し、具体的な遺産分割手続に入り得るのであって、その意味において紛争は最終的に解決するのであるから、確認の利益があることは明らかである。なお、③、④及び⑦の各物件については第三者にその所有名義が移転しているが、遺産分割の対象となる財産は、相続開始時に存在した財産なのか、あるいは分割時に現存する財産に限るのかは争いがあるが、前説によれば右各物件が遺産であることの確認を求める利益があることは当然のことであり、後説によっても具体的相続分の算定にあたっては、売却された財産を売却した相続人に対する前渡し財産として扱い相続開始時に存した遺産全部を基礎にしてなされるべきであるから、右各物件が遺産であることが確認される利益は存するものである。

一審、二審とも九の物件につきXらの請求を認容したのでY_1から上告した。その理由は、AとC（Aの長女―昭和一四年一二月一九日死亡―の夫）又はF株式会社間でなされた所有権移転がAの財産保全の為の仮装譲渡ではなかったこと等であった。これに対して最高裁は次のような判断を為し、上告を棄却した。即ち「論旨は、ひっきょう、原審の専権に属する証拠の取捨判断、事実の認定を非難するか、又は独自の見解に立って原判決を論難するものにすぎず、採用することができない。なお、原審は、第一審判決添付の物件目録①ないし⑦、⑩及び⑪記載の各不動産（但し、⑩については共有持分二分の一。以下同じ）が昭和三五年一月二〇日に死亡した訴外Aの遺産であり、Xら及びYらがその共同相続人（代襲相続人及び共同相続人の各相続人を含む。以下同じ。）であるとの事実を確定したうえ、遺産分割の前提問題として、右不動産が右Aの遺産であることの確認を求めるXらの請求を認容すべきものとしているところ、このような確認の訴え（以下「遺産確認の訴え」という。）の適否につき、以下職権をもって検討することとする。本件のように、共同相続人間において、共同相続人の範囲及び各法定相続分の割合については実質的な争いがなく、ある財産が被相続人の遺産に属するか否かについて争いのある場合、当該財産が被相続人の遺産に属することの確定を求めて当該財産につき自己の法定相続分に応じた共有持分を有することの確認を求める訴えを提起することは、もとより許されるものであり、通常はこれによって原告の目的は達しうるところであるが、右訴えにおける原告勝訴の確定判決は、原告が当該財産につき右共有持分を有することを既判力をもって確定するにとどまり、その取得原因が被相続人からの相続であることまで確定するものでないことはいうまでもなく、右確定判決に従って当該財産を遺産分割の対象としてされた遺産分割の審判が確定しても、審判における遺産帰属性の判断は既判力を有しない結果（最高裁昭和三九年(ク)第一一四号同四一年三月二日大法廷決定・民集二〇巻三号三六〇頁参照）、のちの民事訴訟における裁判により当該財産の遺産帰属性が否定され、ひいては右審判も効力を失うこととなる余地があり、それでは、遺産分割の前提問題として遺産に属するか否かの争いに決着をつけようとした原告の意図に必ずしもそぐわないこととなる一方、争いのある財産の遺産帰属性さえ確定されれば、遺産分割の手続が進められ、当該財産についても改めてその帰属が決められることになるのであるから、当該財産について各共同相続人が有する共有持分の割合を確定することは、さほど意味があるものとは考えられないところである。これに対し、遺産確認の訴えは、右のような共有持分の割合は問題にせず、端的に、当該財産が現に被相続人の遺産に属すること、換言すれば、当該財産が現に共同相続人による遺産分割前の共有関係にあることの確認を求める訴えであって、その原告勝訴の確定判決は、当該財産が遺産分割の対象たる財産であることを既判力をもって確定し、したがって、これに続く遺産分割審判の手続において及びその審判の確定後に当該財産の遺産帰属性を争うことを許さず、もって、原告の前記意思によりかなった紛争の解決を図ることができるところであるから、かかる訴えは適法というべきである。もとより、共同相続人が分割前の遺産を共同所有する法律関係は、基本的には民法二四九条以下に規定する共有と性質を異にするものではないが（最高裁昭和二八年(オ)第一六三号同三〇年五月三一日第三小法廷判決・民集九巻六号七九三頁参照）、共同所有の関係を解消するためにとるべき裁判手続は、前者では遺産分割審判であり、後者では共有物分割訴訟であって（最高裁昭和四七年(オ)第一二一号同五〇年一一月七日第二小法廷判決・民集二九巻一〇号一五二五頁参照）、それによる所有権取得の効力も相違するというように制度上の差異があることは否定しえず、その差異から生じる必要性のために遺産確認の訴えを認めることは、分割前の遺産の共有が民法二四九条以下に規定する共有と基本的に共同所有の性質を同じくすることと矛盾するものではない。したがって、被上告人らの前記請求に係る訴えが適法であることを前提として、右請求の当否について判断した原判決は正当というべきである」。

判旨賛成。

一　訴えは一定の請求の定立により為されるが、法律生活に対する国家権力の介入がなされる側面に訴えの利益が位置づけられる。訴えの利益が不確定概念であることは、よく知られているが、その際、私人のなす訴えの提起に対して、裁判所（ないしその設営をなす国家）の介入ないし（裁量的）判断が如何に為され得るかは多くの考察領域を有している。訴えの利益は職権調査事項であるので、常に理由具備性の審査に先立って審査されるという構造を有する。「利益なければ訴権なし」とされる利益とは具体的に何であるかがそもそもここで問われるわけである。ここで権利保護、紛争解決、私法秩序維持という訴訟目的観の争いと如何に関連するかの問題もさることながら、訴の利益の判断基準とは何かが問われなければならない。私的利益と公的利益の調和という近時の傾向では、専ら前者では、原告の訴訟追行の正当化の利益、被告の応訴の（不）利益がファクターとされ、後者では、国家ないし裁判所の負担、訴訟制度の合目的的な運営等が考慮される。これらの複合・対立する諸利益の調整として従来の権利保護の必要（狭義の訴えの利益）は唱えられてきた。これに当事者適格が加えられて訴の利益（広義）が考察されてきた。

二　他方、確認の訴が適法とされる場合（確認の利益の存在）については、実体的利益が判断対象となり、単なる訴訟追行の利益ではなく、原告勝訴の確定判決によって実現される法的利益が現実に必要となる。本件のような、特定の財産が被相続人の遺産に属することの確認を求める場合は、それから生ずべき現在の特定の法律関係の存否が有効に確定される以上、法的利益を有し、適法とされ得るわけである。この場合の法的利益は被相続人の財産の範囲を確定することによって、遺産の分割を適切に行いうることである。このことが主文に於て宣言せられることにより、後の遺産分割が完全な形で可能になるのである。従って単なる先決問題でも異種の手続（訴訟と審判等）においては、確認の利益は認められる。更に本判決の射程距離からすると、相続財産の範囲の確定が訴訟事項であるとされる点も考慮されなければならない。

ただ、遺産分割の前提といっても、相続財産の確認から具体的相続分の確定（共有持分の確認）等様々な段階がある。本判決は両者共に可能である旨判示している（後者については学説も分かれ、前者については下級審レベルで肯定されつつも最高裁の判断が俟たれていた)。

三　遺産確認の訴えの性質については、被相続人が死亡した時点で当該財産を所有していたという過去の法律関係の確認とみる考え方[1]と、遺産分割前の共有状態にあるという現在の法律関係の確認とみる考え方[2]があり、本判決は基本的に後者の考え方に立つとされる[3]。相続時と分割時とでは遺産の範囲が異ることがあるので、後者の考え方のほうが正しいのではないかと思われる。

四、本判決には他に、小山昇「遺産確認の訴えの適法性」民商九五巻六号一〇二頁以下に評釈がある。

(1) 小山昇『新版相続法の基礎・実用編』一五四頁。
(2) 田中恒郎「遺産分割の前提問題と民事訴訟(上)」ジュリスト六〇八号九二頁。
(3) 水野武「遺産確認の訴えの適法性」ジュリスト八六六号一三七頁、判例時報一一九四号七七頁、本判決コメント。

著者略歴

田中ひとみ

1958 年 8 月　東京生まれ

1979 年 3 月　慶應義塾大学法学部卒業、1987 年 3 月　慶應義塾大学博士課程単位取得退学

山梨県女子短大（現山梨県立大学）専任講師、1991 年 4 月　山梨県立女子短大助教授。その後、関東学園大学法学部専任講師、駿河台大学法学部、山梨学院大学法学部、亜細亜大学法学部電気通信大学、成城大学非常勤講師を経て、

現在　城西大学現代政策学部客員教授

民事法の諸論点

2010 年 3 月 5 日　第 1 版第 1 刷発行　　9345-01011

著　者　田　中　ひとみ
発行者　今　井　貴
発行所　株式会社 信 山 社
〒 113-0033　東京都文京区本郷 6-2-9-102
電　話　03-3818-1019
FAX　03-3818-0344
henshu@shinzansha.co.jp

印刷・製本／東洋印刷・大三製本
ISBN978-4-7972-9345-6　C3332